Paul Bartsch

LiveRillen No. 2

Konzerte aus sechs Jahrzehnten
Rockmusikgeschichte –
direkt vom Plattenteller abgedreht

Radio CORAX auf UKW 95.9 KHz und weltweit im Netz:
https://radiocorax.de

Hinweise in eigener Sache:

Aufgrund der Vielzahl und des Alters der im Text erwähnten Schallplatten ist es schier unmöglich, die jeweiligen Bild- und Urheberrechte für die Cover bei den größtenteils nicht mehr existierenden Labels zu klären. Ich habe die Cover hier *in durchaus werbender Absicht* in den Text eingefügt. Als *Quelle* sind die konkreten Plattenausgaben mit Label und Erscheinungsjahr angegeben. Sollte(n) sich der oder die Inhaber der jeweiligen Rechte dennoch benachteiligt fühlen, bitte ich um entsprechende Information – sicher finden wir gemeinsam eine probate Lösung.

Falls Sie Interesse haben, die eine oder andere LiveRillen-Sendung komplett nachzuhören, stelle ich Ihnen diese gern zur Verfügung. Die mp3-Datei wird Ihnen per WeTransfer übertragen und ist *ausschließlich für den privaten Gebrauch* gedacht!

Anfragen richten Sie bitte per Mail an: liverillen@gmx.de.

Titelfoto: © Hannes Wiedemann | Leipzig | 2021

Herstellung und Verlag: BoD – Books on Demand, Norderstedt
4. durchgesehene und korrigierte Auflage | Februar 2022
Preis: 7,00 Euro
ISBN: 9783754324004

Noch eine Rille vorab

Über Geschmack lässt sich bekanntlich nicht – oder aber ganz trefflich – streiten. Wenn man das nicht allzu verbissen sieht, kann es sogar Spaß machen, andere Meinungen zur Kenntnis zu nehmen, von der Horizonterweiterung mal ganz abgesehen. So hat die renommierte Fachzeitschrift *musikexpress* in ihrer Märzausgabe 2021 „Die 100 besten Live-Alben" in einer kommentierten Liste gekürt, die ich natürlich mit Spannung erwartet und durchforstet habe (verständlich bei annähernd tausend Live-Alben im heimischen Plattenregal, nicht wahr). Meine beobachtbaren Reaktionen reichten von Erstaunen und Überraschung über ungläubiges Kopfschütteln bis zum bestätigenden Grinsen – immerhin finden sich fünfundzwanzig der genannten Scheiben auch in meiner Sammlung. Nun gut, *Nirvana*, die *Ramones* und *Portishead* auf den Plätzen Eins bis Drei lassen auf eine gewisse Grundhaltung der Juroren des *musikexpress* schließen, die ich nicht unbedingt teile. Aber *Bruce Springsteens* 5-Platten-Livekiste „1975-85", *Van Morrisons* „It's Too Late To Stop Now", „Live At Leeds" von *The Who*, das „Get Yer Ya-Ya's Out" der *Rolling Stones* oder *Neil Youngs* "Live Rust", die würden wohl auch bei mir unter die TOP 100 kommen, dachte ich mir, um dann Nägel mit Köpfen zu machen: Angenommen, das Schicksal oder wer auch immer zwänge mich, meinen Bestand so zu reduzieren, dass lediglich die mir wichtigsten hundert Alben übrigblieben – welche würden es sein? Dabei wollte ich mir gar nicht vorstellen, vor welchen Problemen bei so einem Unterfangen etwa *Bob „The Bear" Hite*, der schwergewichtige Sänger von *Canned Heat*, gestanden hätte, der in seinem Anwesen *Topanga Corral* rund 70tausend Schallplatten zusammengetragen haben soll, oder *Jeff Healey*, der es in seinem nur knapp 42jährigen Leben immerhin auf 25tausend Scheiben gebracht hat.

Nun – es wurde auch für mich schwieriger als gedacht. Ich habe mehrere Streich-Runden vorgenommen, und es tat mitunter richtig weh. Was am Ende übriggeblieben ist, findet ihr als „Meine TOP 100 Favoriten" auch am Ende dieses Buches, in dem ansonsten meine *LiveRillen*-Sendungen No. 16 bis No. 27 (also die zwölf Ausgaben eines kompletten Jahres) dokumentiert sind. Unmöglich war es mir allerdings, den hundert Platten meiner subjektiven Auswahlliste auch noch eine Rangfolge angedeihen zu lassen. Deshalb sind sie schlicht alphabetisch sortiert und verstehen sich als anregendes Angebot für freundlichen Streit über individuellen Geschmack, ohne den Kunst ja letztlich eine ziemlich langweilige Angelegenheit wäre…

Mein individueller und natürlich subjektiver Geschmack ist zugegeben das entscheidende Kriterium, nach dem ich meine seit April 2018 auf *Radio CORAX*, dem nichtkommerziellen Lokalradio aus Halle (Saale), laufende Sendereihe

LiveRillen gestalte. Hinzu kommen objektive Dinge wie runde Geburts- oder (leider auch) Todestage, Konzertjubiläen, Länderschwerpunkte oder stilistische Besonderheiten. Will heißen, an Ideen und Themen mangelt es nicht, sodass ich auf weitere Jahre mit unterhaltsamen und letztlich ja auch für mich erkenntnisreichen Sendungen hoffe. Dabei setze ich vor allem auf Abwechslung, sodass die Erwartung, ich würde einzelne Livealben komplett vorstellen, leider enttäuscht werden muss. Dafür gibt es überraschende Konstellationen, die einer streng fachlichen Musikgeschichtsschreibung kaum standhalten würden. Aber genau darum geht es mir auch wirklich nicht. Und so reicht die inhaltliche Palette in diesem Buch vom sommerlichen *Stadion-Rock* über *50 Jahre Woodstock* und Gratulationen u. a. für *Bryan Adams, Bruce Springsteen, Paul Rodgers* und *Eric Clapton* bis zu *Rock aus Down Under*, der *irischen Liveszene* oder einem Streifzug durch *die livehaftige Vielfalt des Reggae*.

Ausgestrahlt wurden diese Sendungen zwischen Juli 2019 und dem Juni 2020. Damit fielen sie in eine Zeit, die unser aller Leben eingeschränkt und womöglich auf Dauer entscheidend verändert hat: das Corona-Virus übernahm die Herrschaft über das öffentliche wie private Leben und – vor allem – auch über die Kunst- und Kulturszene. All die für Frühjahr und Sommer 2020 avisierten Konzerte und Tourneen, auf die nicht nur ich mich gefreut haben werde, wurden abgesagt oder auf ungewisse Zeit verschoben. Damit gerieten plötzlich die konservierten Livemitschnitte zum willkommenen Ersatz für das, was derzeit anders nicht zu haben war. Ich habe es beim Gestalten der Sendungen selbst so empfunden, und die Reaktion vieler Hörerinnen und Hörer hat mir diesen Eindruck bestätigt.

Jetzt – zum Zeitpunkt der Herausgabe dieses Buches – scheint sich die Situation allmählich zu entspannen, dank strikter (und durchaus schmerzhafter) Eindämmungsmaßnahmen und steigender Impfzahlen. Einen „normalen" Konzertsommer wird es dennoch auch 2021 noch nicht wieder geben. Insofern sehe ich meine LiveRillen auch derzeit als probates Mittel, uns allen die Vorfreude auf hoffentlich bald wieder mögliche Konzertereignisse auch durch die Erinnerung an herausragende Momente der livehaftigen Rockmusikgeschichte zu erhalten. Und vielleicht trägt auch die Lektüre dieses Buches dazu bei, die konzertarme Zeit zu überbrücken…

Bei all dem: Gute Unterhaltung!

P.S. 2022: Dank wertvoller, wenn auch teils anonymer Hinweise konnte diese Neuauflage an vielen Stellen korrigiert und verbessert werden.
Dafür vielen Dank – weitere Anmerkungen sind jederzeit willkommen!

No. 16:   Wenn das Stadion rockt
Juli 2019

Sommerzeit ist stets auch Festivalzeit, die Zeit der großen Open-Air-Konzerte, die ihren Ursprung in den 1960er Jahren hatten, zunächst vor allem Stilrichtungen wie Folk und Blues vorbehalten. Da ging es noch weitgehend akustisch zu – man erinnere sich an die Empörung des puristischen Publikums, als *Bob Dylan* 1965 beim *Newport Festival* plötzlich mit einer elektrisch verstärkten Fender-Gitarre auf die Bühne kam.

Wenige Jahre später hatte sich der Rock die großen Arenen erobert, und so soll die heutige LiveRillen-Sendung an einige Bands und Ereignisse erinnern, die das Stadion sozusagen zum Beben brachten. Das wird nicht ganz ohne Mainstream abgehen, aber warum auch nicht – wenn er gut gemacht ist.

Und gleich zu Beginn will ich das lange gehütete Geheimnis um die Titelmusik der LiveRillen lüften – das, was da zu Beginn jeder Sendung die richtige Livestimmung verbreitet, ist der Auftakt eines Konzertmitschnitts der US-amerikanischen Band *Journey*, der im Jahr 1981 unter dem Titel „Captured" als Doppelalbum auf CBS erschienen ist. Und wenn man das Cover aufklappt, bekommt man innen in großformatigen Aufnahmen beeindruckende Einblicke „On Stage" mit den vielen Tausend Besuchern zu sehen.

Von *Journey* hier zunächst noch einmal in voller Schönheit das kurze Instrumental „Majestic", gefolgt von zwei ihrer großen Hits: „Where Were You" und „Just The Same Way". Das sind *Journey* live auf ihrer Welttournee im Sommer 1980, die im September dann auch nach Deutschland führte, wo sie unter anderem in Heidelberg, Hamburg, Offenbach, München und Westberlin spielten.

Journey: Majestic / Where Were You / Just The Same Way

Journey live im Jahr 1980 – das ist Stadionrock vom Feinsten! Was man bei dieser hochenergetischen Musik kaum ahnt: *Journey* sind – wenn man so will – ein Ableger von *Carlos Santana*, in dessen Begleitband *Gregg Rolie* lange die Tasten bedient hatte – er war in Woodstock dabei, hatte Anteil an den großartigen Aufnahmen von „Abraxas", und aus seiner Feder stammt unter anderem auch der Santana-Hit „No One To Depend On".

Ebenfalls bei *Santana* spielte zu jener Zeit *Neil Schon* die – im Sinne des Wortes – zweite Geige, also natürlich die Gitarre neben dem Meister, was dem gerade mal 18jährigen Wunderkind aus Oklahoma nicht lange reichte: 1973 gründete *Neil*

Schon mit *Journey* seine eigene Band und holte den sieben Jahre älteren Keyboarder *Gregg Rolie* dazu, der anfangs auch den Sologesang übernahm. Fünf Jahre nach Bandgründung wurde schließlich *Steve Perry*, ein Kalifornier mit portugiesischen Wurzeln, als Sänger verpflichtet, und mit ihm kam der kommerzielle Erfolg: Die Platten verkauften sich weltweit gut und in den USA hervorragend, und die Konzertsäle reichten bald nicht mehr aus, weshalb die Band rasch die Stadien eroberte.

1987 kam vorübergehend das Aus für die Band, woran der exzentrische Perry nicht ganz unschuldig gewesen sein soll.

Nach einigen weniger glücklich verlaufenen Wiederbelebungsversuchen kam 2007 mit dem philippinische Sänger *Arnel Pineda* endlich ein kongenialer Ersatz für *Steve Perry* ins Spiel – *Neil Schon* hatte ihn auf YouTube als Sänger einer Journey-Coverband entdeckt! So kann's gehen! Ich habe *Journey* vor drei Jahren in Hannover live gesehen, und da war stimmlich wirklich kein Unterschied zu ihrer großen Zeit in den frühen 1980er Jahren.

In die tauchen wir jetzt noch einmal ein mit zwei Stücken ihres Live-Albums „Captured" – zunächst „Lovin', Touchin', Squeezin'" und schließlich ihr wohl bekanntestes Stück „Wheel In The Sky", ein Song über das ständige Unterwegs-Sein und die Sehnsucht nach einem Zuhause, sicher eines der großen Stereotype der Rockmusik.

Journey: Lovin', Touchin', Squeezin' / Wheel In The Sky

"Wheel In The Sky keeps on turning – I don't know where I'll be tomorrow" sang *Steve Perry* da – nun, auf jeden Fall sind *Journey* inzwischen in der *Rock and Roll Hall of Fame* zu Hause, in die sie im Dezember 2016 aufgenommen wurden.

Im aktuellen Konzertsommer sind auch *ZZ Top* mal wieder in Deutschland unterwegs, seit fast 50 Jahren in unveränderter Trio-Besetzung – jüngst zu erleben auf der halleschen Peißnitz-Insel. In den 1980er Jahren brachen sie mit ihrer druckvollen Mischung aus Blues, Boogie, Country und Rock nicht nur in den USA die Verkaufs- und Besucherrekorde. Inzwischen nun 70 Jahre jung, die Bärte

hinter Bass und Gitarre längst ergraut, begeistern sie noch immer mit minimalistischer Nicht-Show auf der Bühne und ihren klar strukturierten Songs ohne großen Firlefanz.

Auch das also durchaus stadionrock-geeignet, auch wenn dieser Mitschnitt aus einer Halle stammt, aber aus was für einer: Der *Gruga-Halle* in Essen nämlich, und das ist natürlich der WDR-*Rockpalast*!

Ihr Konzert dortselbst aus dem Jahr 1980 ist in einer auf 3.000 Exemplare limitierten Vinylausgabe jetzt bei Ear-Music erschienen. Daraus drei Titel: „Cheap Sunglasses", „Arrested For Driving While Blind" und „Beer Drinkers And Hell Raisers" – hier sind *Billy Gibbons, Dusty Hill* und *Frank Beard*, besser bekannt als *ZZ-Top*.

ZZ-Top: Cheap Sunglasses / Arrested For Driving While Blind / Beer Drinkers And Hell Raisers

Nicht fehlen in den großen Rock-Arenen der 1970er und 80er Jahre dürfen die Hard-Rocker von *Aerosmith* um Frontmann *Steven Tyler*, der wohl auffälligsten Schmoll-Lippe des Heavy Metal. 1970 gegründet, spielten *Aerosmith* von Beginn an unzählige Konzerte quer durch die USA, ab 1972 dann regelmäßig vergoldete Plattenveröffentlichungen und ausverkaufte Tourneen weltweit. Dabei stand immer *Tylers* große Attitüde im Vordergrund, dazu bretternde Gitarren, donnerndes Schlagzeug, wummernder Bass. Eindrucksvoll zu hören auf dem 1978 erschienenen Doppelalbum „Aerosmith – Live!", das von CBS mit dem Werbegag „Bootleg" angeboten wurde – natürlich handelt es sich hierbei um reguläre Mitschnitte ihrer damaligen Welttournee.

Aus diesem Album habe ich drei Titel ausgewählt – das sind ihre Charterfolge „Dream On" und „Walk This Way", und dazwischen ein überraschendes *Beatles*-Cover: „Come Together" aus der Feder von *John Lennon*, aber wie üblich *Lennon/McCartney* zugeschrieben und 1969 veröffentlicht als Auftakt der *Beatles*-LP „Abbey Road". Hier sind *Aerosmith* live im Jahr 1978.

Aerosmith: Dream On / Come Together / Walk This Way

Ebenfalls im Hardrock unterwegs, wenn auch mit mehr Hang zu Melodie, Dynamik und Gesangssätzen waren (und sind noch immer) *Uriah Heep*, wie *Aerosmith* im Jahr 1970 gegründet – allerdings in London und benannt nach einer Figur aus Charles Dickens' Roman „David Copperfield". Soundprägend vor allem Keyboarder, Komponist und Sänger *Ken Hensley*, der Gitarrist *Mick Box* sowie Sänger *David Byron*. Komplettiert wurde die Band Mitte der 70er nach einigen Wechseln durch *Trevor Bolder* am Bass, der zuvor unter anderem bei *King Crimson* gespielt hatte, sowie Schlagzeuger *Lee Kerslake*. Der bekannte Musikjournalist *Siegfried Schmidt-Joos* beschrieb ihre Musik mal als durchaus stimmige Mischung aus Hardrock a la *Black Sabbath* mit gelegentlichen *Beach-Boys*-Wohllauten und *Procol-Harum*-Schwermut. Dass ausgerechnet ihre Zwei-Harmonien-Schnulze „Lady In

Black" zu ihrem größten Hit werden musste, gehört zu den nicht planbaren Kuriositäten der Rockgeschichte.

Ausgesucht habe ich zunächst ihr Mammutwerk „Gypsy" in der experimentellen Konzertfassung vom Januar 1973, im selben Jahr auf dem Doppelalbum „LIVE" veröffentlicht.

Anschließend dann ein Stück vom Album „Live In Europe 1979": „Stealin'", mitgeschnitten übrigens in Ludwigshafen, und hier singt nun *John Lawton*, der zwei Jahre zuvor *David Byron* am Mikrofon beerbt hatte.

Byron gründete daraufhin gemeinsam mit dem ex-*Humble-Pie*-Gitarristen *Clem Clempson* die Bluesrockband *Rough Diamond* – zu *Humble Pie* gleich noch mehr. Der Erfolg von *Rough Diamond* blieb bescheiden – *David Byron* ist 1985 an seiner zunehmenden Alkoholsucht verstorben. Hier hören wir ihn aber auf seinem stimmlichen Höhepunkt bei *Uriah Heep* mit „Gypsy".

Uriah Heep: Gypsy / Stealin'

Übrigens waren *Uriah Heep* die erste westliche Band, die in der Sowjetunion der Gorbatschow-Ära auftreten durfte: 1987 gaben sie zehn ausverkaufte Konzerte in der Moskauer *Olympia-Arena* vor rund 180.000 Menschen, dokumentiert auf der Liveplatte „Live in Moscow". Zu dieser Zeit mit *Bernie Shaw* am Mikrofon und *Phil Lanzon* an den Tasten. Daraus jetzt noch ein Stück, das von den beiden Neulingen in der Band stammt: „Pacific Highway".

Tatsächlich sind *Uriah Heep* ja noch immer aktiv – einziges Gründungsmitglied der

aktuellen Besetzung ist Gitarrist *Mick Box*, inzwischen 72 Jahre alt. *Bernie Shaw* und *Phil Lanzon* halten ihm die Treue, und für Ende August 2019 gibt's übrigens eine Konzertankündigung für das österreichische Städtchen Telfs. Hier sind *Uriah Heep* live in Moskau im Jahr 1987 mit „Pacific Highway".

Uriah Heep: Pacific Highway

Eben fiel bereits das Stichwort *Humble Pie*: 1969 gegründet, aber durchaus keine Neulinge, denn *Steve Marriott, Peter Frampton, Greg Ridley* oder *Clem Clempson* hatten sich zuvor ihre Sporen bei so bekannten Bands wie den *Small Faces, Herd, Spooky Tooth* oder *Colosseum* verdient. Zu Beginn der 70er galten sie mit ihrem kraftvollen und zugleich differenzierten Bluesrock vor allem in den USA als zuverlässige Konzertfüller.

Ich habe aus ihrem tollen Album „Performance / Rockin' The Fillmore" aus dem Jahr 1971 ihre Eigenkomposition „Stone Cold Fever" ausgewählt, hier noch mit *Peter Frampton* an der Leadgitarre. Danach dann „30 Days In A Hole" von *Steve Marriott*, 1973 im *Winterland* in San Francisco mitgeschnitten und nun mit *Clem Clempson* an der Gitarre. Hier sind *Humble Pie*.

Humble Pie: Stone Cold Fever / 30 Days In A Hole

Mitte der 1970er löste sich die Band auf, um 1980 herum gabs eine zeitweise Wiederbelebung ohne große Resonanz, und 1991 ist *Steve Marriott* erst 44jährig verstorben an einem tödlichen Mix aus Alkohol und Drogen – das Klischee der Rockmusik leider mal wieder bestätigend.

Diesbezüglich erfreulicher ist die Bandgeschichte von *Barcley James Harvest*, die gibt's nämlich noch immer, auch wenn sie nie zur allerersten Rockergarde gehörten, obwohl sie – wie der *Rolling Stone* einst schrieb – „im Prinzip doch alles richtig machen". Zumindest in Deutschland haben sie aber ein über die Jahrzehnte treues Fanpublikum, und im Sommer 2019 spielen sie auf ihrer 50-Jahres-Jubiläums-Tour unter anderem in Falkenberg, Bremen, Nürnberg und Osnabrück.

Es gibt ja etliche Livealben von *BJH* – ich habe bewusst zwei späte ausgewählt, weil die tatsächlich bei denkwürdigen Open Airs entstanden sind: Zunächst ihr „Concert For The People" vor dem Berliner Reichstag im Sommer 1980. Daraus das politisch engagierte „Child Of The Universe", eine Komposition des Gitarristen *John Lees*.

Sieben Jahre später durften dann *Barclay James Harvest* auch auf der anderen Seite des Eisernen

Vorhangs ran – am 14. Juli 1987 gastierten sie zum 750jährigen Stadtjubiläum Berlins im Treptower Park vor rund 150.000 Ossis, und auch ich hatte Gänsehaut, als dort zum Abschluss ihr „Hymn" erklang. Dieser Mitschnitt wurde 1988 auf Polydor veröffentlicht, übrigens unter dem für sich sprechenden Albumnamen GLASNOST! *Barcley James Harvest* also zwei Mal live unter dem seinerzeit noch geteilten Himmel von Berlin.

BJH: Child Of The Universe / Hymn

Den Schlusspunkt soll nun Ostrock in Reinkultur setzen – zu den bedeutendsten Bands der Warschauer Vertragsstaaten zählen zweifellos die ungarischen *OMEGA*-Rocker, gefühlt länger aktiv als die *Rolling Stones!* Und auch die sind in diesem Jahr wieder auf diversen Konzertbühnen zu erleben, und Frontmann *Janos Kobor* wird sein graues Löwenhaupt wie eh und je heftig schütteln. (Anmerkung: Ende 2020 sind leider Bassist *Tamás Mihály* und Keyboarder *László Benkő* kurz nacheinander verstorben!)

In einer späteren LiveRillen-Sendung gibt's dann sicher mal „Ostrock Live" als Schwerpunkt, dann mehr von und über *OMEGA*. Hier zum Abschluss ihr „High On The Starway" live im September 1979 im Budapester *Kis-Stadion*.

Noch ein kurzer Ausblick: In der nächsten LiveRillen-Ausgabe dreht sich alles auf dem Plattenteller rund um 50 Jahre *Woodstock!*

OMEGA: High On The Starway

Quellen:

- ➤ Aerosmith: Live Bootleg, Do.-LP, CBS, 1978
- ➤ Barclay James Harvest: Berlin – A Concert For The People, LP, Polydor, 1982
- ➤ Barclay James Harvest: Glasnost, LP, Polydor, 1988
- ➤ Humble Pie: Performance / Rockin' The Fillmore, Do.-LP, A&M, 1971
- ➤ Journey: Captured, Do.-LP, CBS, 1981
- ➤ Omega: Live At The Kisstadion, Do.-LP, Bellaphon, 1980
- ➤ Uriah Heep: Live January 1973, Do.-LP, Bronze/Ariola, 1973
- ➤ Uriah Heep: Live In Europe 1979, Do.-LP, Castle, 1986
- ➤ Uriah Heep: Live In Moscow, LP, Gong/Legacy, 1988
- ➤ ZZ Top: Live In Germany 1980, Do.-LP, Ear Music, 1980/2019

No. 17: 50 Jahre Woodstock
August 2019

Ein Name wird dieser Tage besonders gern und häufig ausgesprochen, der zu den Meilensteinen der populären Weltkultur gehört und – ja – fast einen magischen Klang besitzt: *WOODSTOCK!* Kein Wunder – die Legende wird in Kürze 50 Jahre alt: Vom 15. bis zum 17. August 1969 ereignete sich das, was gemeinhin mit dem Etikett „Mutter aller Rockkonzerte" beklebt wird (obwohl es ja längst nicht das erste Großereignis der Rock-Ära gewesen ist) und als bunte Wundertüte voller Musik, Drogen und freier Liebe zwischen Sonnenstich und Wolkenbruch daherkommt. Miterlebt haben es wohl um die 400.000 Besucher (manche Quellen sprechen gar von einer halben Million) – gezählt hat sie aber niemand wirklich. Und Tausende sind ja nicht mal bis hingekommen, sondern irgendwo im Verkehrs-Chaos gestrandet, das den halben Bundesstaat lahmgelegt hatte – da hatte auch die Polizei längst resigniert.

Dass *Woodstock* keineswegs im Ort gleichen Namens, sondern in der Nähe von Bethel im US-Bundesstaat New York auf einer Kuhweide stattfand, wisst ihr natürlich, und sicher auch, dass damit auf jeden Einwohner der Kleinstadt rein zahlenmäßig mindestens hundert Besucher entfielen – eine bis dato schier unvorstellbare Dimension also, die ja nicht zuletzt den etwas blauäugigen Organisatoren um *Michael Lang* selbst rasch über den Kopf wuchs. Irgendwann brachen alle Absperrungen, damit wurde Woodstock ungeplant zum Free Festival, und die Funktion der fehlenden Sanitäranlagen übernahm der eine oder andere Gewitterguss.

Klar, dass ich in den LiveRillen an diesem Jubiläum nicht vorbeikomme, zumal ja ein musikalischer Querschnitt der drei Tage auf fünf Langspielplatten – in zwei opulenten Sets veröffentlicht – vorliegt.

Und ehe ich ein bisschen was erzählen werde rund um *Woodstock* und jene, die dort mehr oder minder erfolgreich auf der Bühne standen und mitunter sogar durch genau diesen Auftritt ihrer Karriere einen gewaltigen Schub verpassten, hier die legendäre Eröffnung des Festivals durch den Folk- und Bluessänger *Richie Havens* um genau 17:07 Uhr. Nur mit der Akustikgitarre sollte er noch zu behebende technische Probleme überbrücken, zudem waren die Musiker von *Sweetwater* im Anreise-Chaos steckengeblieben, die eigentlich das Musikprogramm eröffnen sollten. *Havens* machte aus der Not eine Tugend: Sein schier endlos gedehntes „Freedom" – spontan entwickelt aus dem Spiritual „Motherless Child" – ist zweifellos eine der Erkennungshymnen von *Woodstock* geworden. Und damit der

Film im Kopf richtig anlaufen kann, gibt's davor ein paar akustische Momentaufnahmen vom Festivalgelände, also Augen zu – Film ab!

Richie Havens: Freedom

Auch die weiteren Künstler des ersten Festivaltages kamen vornehmlich aus der US-amerikanischen Folk-Szene – überhaupt ein typisches Merkmal der damaligen Festivals, dass die Grenzen zwischen Rock, Blues, Folk und Jazz keineswegs eng aufgefasst wurden.

Nach *Richie Havens*, der 2013 an den Folgen eines Herzinfarktes verstorben ist, standen unter anderem *Tim Hardin, Ravi Shankar, Arlo Guthrie, Melanie Safka* und als Headliner des folkorientierten ersten Abends dann *Joan Baez* auf der Bühne, dazu als einzige echte Gruppe die Folkjazzband *Sweetwater*, die eigentlich als Eröffnung geplant war, aber im Verkehr steckengeblieben war – so kam *Richie Havens* als Opener zum Zuge.

Als das Trio *Sweetwater* um die Sängerin *Nancy Nevins* dann endlich an der Bühne eintraf, blieb gar keine Zeit für einen Soundcheck – die Band war mit ihrem Auftritt hinterher sehr unzufrieden, wohl auch deshalb findet sich kein akustisches Zeugnis von *Sweetwater* in den Woodstock-Alben.

Besser lief es dagegen für *Melanie Safka*. Für die gerade mal 22jährige New Yorkerin war Woodstock das Sprungbrett zu ihrer bis heute andauernden Karriere als mal sentimentale, mal subversive Diva des Folk.
Hier ist sie in Woodstock mit ihren Songs „My Beautiful People" und „Birthday Of The Sun", gefolgt von *Arlo Guthrie*, dem Sohn der Songwriter-Legende *Woody Guthrie* – mit „Coming Into Los Angeles". Leider ist nicht überliefert, wer den Solisten hier an Schlagzeug, Bass und Gitarre begleitet hat...

Melanie: My Beautiful People / Birthday Of The Sun
Arlo Guthrie: Coming Into Los Angeles

Schon an diesem Eröffnungsabend des Woodstock-Festivals regnete es zeitweise ziemlich heftig, blieb aber warm, und bei *Melanies* Auftritt sieht man in der filmischen Dokumentation von *Michael Wadleigh* sehr schön tausende Kerzen in der einbrechenden Dunkelheit leuchten.

Schluss- und Höhepunkt des ersten Festivalabends war dann der Auftritt von *Joan Baez*, zeitweise Weggefährtin von *Bob Dylan* und die gesamten 60er Jahre hindurch *die* weibliche Stimme der US-amerikanischen Singer/Songwriter-Szene schlechthin. Hier sind drei Stücke ihres Auftritts – zunächst das erst auf dem Album „Woodstock II" erschienene „Sweet Sir Galahad" und anschließend jene beiden Songs, die auf dem ersten Album enthalten sind: „Drug Store Truck Drivin' Man" – ein Song gegen den stockkonservativen *Ronald Reagen*, den damaligen kalifornischen Gouverneur, der es später als erster B-Western-Held zum US-Präsidenten bringen sollte, hier gemeinsam interpretiert von *Joan Baez* und *Jeffrey Shurtleff*, der auch die Ansage übernimmt und dabei auch den Regen beschwört, der noch immer vom Nachthimmel über Bethel fällt.

Tja, und schließlich das legendäre Lied über den 1915 zum Tode verurteilten und hingerichteten Wanderarbeiter, Sänger und Gewerkschaftler *Joe Hill* – geschrieben von *Earl Robinson* und *Alfred Hayes* und einer der wichtigsten Songs der US-amerikanischen Bürgerrechtsbewegung. Einen besonderen Klang bekommt diese *Joan-Baez*-Interpretation zweifellos dadurch, dass zu diesem Zeitpunkt ihr damaliger Ehemann, der Journalist und Autor *David Harris*, aufgrund seines Protestes gegen den Vietnam-Krieg inhaftiert worden war. Hier ist die großartige *Joan Baez* vor annähernd 50 Jahren beim Festival in Woodstock.

Joan Baez:
Sweet Sir Galahad
Drug Store Truck Drivin' Man
Joe Hill

Unmittelbar nach Abschluss des ersten Tages verwandelte ein heftiges Sommergewitter die Kuhwiesen bei Bethel, auf denen inzwischen mehrere hunderttausend Menschen eingetroffen waren, in ein riesiges Schlammloch. Dennoch konnte der zweite Festivaltag halbwegs pünktlich und problemlos beginnen.

Gegen Mittag ging es los, die Haschisch-Wolken waberten da bereits wieder über den Wiesen – erster Haupt-Act war ab 14 Uhr die *Santana Blues Band*, eine hoch energetische Multi-Kulti-Truppe rund um den gerade 22jährigen gebürtigen Mexikaner *Carlos Santana*. Die erste Platte – schlicht „Santana" betitelt – war gerade erst gepresst, und der ja auch im Woodstock-Film ausführlich enthaltene Auftritt verhalf der jungen Truppe rasch zu weltweiter Popularität.

Hier ist ihr 8-Minuten-Werk „Soul Sacrifice", vom Publikum schon mal mit diversen Perkussionsgegenständen zünftig vorbereitet. Leider hat meine Platte ausgerechnet bei *Santana* einen ziemlichen Knackser, aber so ist das halt bei der LiveRillen-Sendung: Alles kommt direkt vom Plattenteller, und das Album hat nun auch schon fast fünfzig Jahre auf dem Vinyl-Buckel!

Santana: Soul Sacrifice

Der *Santana*-Schlagzeuger *Michael Shrieve*, dessen Solo eben zu hören war, ist übrigens der jüngste Musiker in Woodstock gewesen – er war sechs Wochen zuvor gerade 20 Jahre alt geworden.

Eine ebenfalls noch ganz frische Band stand am Samstagabend auf der Festivalbühne von Woodstock – das Power-Trio um den Gitarristen *Leslie West* namens *Mountain*. Als legitime Nachfolger der gerade aufgelösten Supergroup *Cream* entwickelten sie deren Stil zwar nicht wirklich weiter, aber waren doch mehr als ein bloßes Imitat von *Jack Bruce*, *Eric Clapton* und *Ginger Baker* (von denen übrigens niemand in Woodstock dabei war). Aber immerhin spielten *Mountain* einen Song des *Cream*-Bassisten *Jack Bruce*: sein „Thema eines imaginären Westerns". Das Stück hören wir gleich.
Und um das Festival-Feeling mal so richtig spürbar zu machen, lasse ich die Platte – es ist übrigens die 4. LP-Seite des nachgeschobenen Doppelalbums „Woodstock II" – einfach weiterlaufen, denn mit dem „Woodstock Boogie" von *Canned Heat* folgt einer der Höhepunkte des gesamten Festivals. Die Band um den Super-Schwergewichtler *Bob Hite* hatte sich in der Hippie-Szene ja längst einen legendären Ruf erspielt. Wenige Tage vor dem Festival hatten *Canned Heat* den Bluesgitarristen *Harvey Mandel* rekrutiert, eine gemeinsame Probe im Vorfeld gab es nicht, aber nun ja – so ein Boogie lässt sich auch ohne ein Probenlager gemeinsam spielen, wie wir gleich hören werden.
Hier also *Mountain* und *Canned Heat* live in Woodstock am zweiten Festivaltag, und zum Schluss darf das Publikum dem inzwischen wieder tobenden Regen ein inbrünstiges „Let The Sunshine In" entgegenschmettern...

Mountain: Theme Of An Imaginary Western
Canned Heat: Woodstock Boogie

„Let The Sunshine In" – tja, vielleicht hätten die Organisatoren das Festival nicht gerade unter das Zeichen des Wassermanns – des *Aquarius* – stellen sollen?

Der Stimmung vor Ort konnte das viele Wasser kaum etwas anhaben – der zweite Festivaltag zog sich bis weit in den Sonntagmorgen hinein, der allerdings wolkenverhangen blieb.

In der Nacht hatten unter anderem *Grateful Dead, Creedence Clearwater Revival* um *John Fogerty* sowie *Janis Joplin* ihre mehr oder weniger geglückten Auftritte; es ist kaum etwas überliefert, und *CCR* wollten aus rechtlichen Gründen ohnehin keine Mitschnitte erlauben, sie steckten zudem bei ihrer Plattenfirma in einem echten Knebel-Vertrag, aber das wäre eine andere Geschichte, die jetzt übrigens ein überraschend gutes Ende nimmt: Ab 30. August nämlich soll es nun endlich den einstündigen Auftritt von *CCR* in Woodstock als CD und auf Vinyl geben, so ist in der aktuellen Ausgabe der Musikzeitschrift *GoodTimes* zu lesen…
Erhalten geblieben von diesem Abend ist zudem dieses Janis-Joplin-Zitat: *„Früher waren wir nur wenige, jetzt gibt es Massen und Massen und Massen von uns."*

Sonntagfrüh um Fünf enterten dann die britischen *The Who* die Bühne, die gerade mit der Rockoper „Tommy" ein neues Kapitel der Popgeschichte aufgeschlagen hatten. Hier sind sie mit „We're Not Gonna Take It" aus diesem Mammutwerk, mit dem *Pete Townshend* sich und der Welt beweisen wollte, dass er mehr draufhat als dreiminütige Single-Hits zu schreiben. Leider zeigte sich *Townshend* in Woodstock auch von seiner rüden und aggressiven Seite, stieß einen Kameramann von der Bühne, prügelte auf einen Politaktivisten ein, der eine Durchsage machen wollte, und zertrümmerte zum Abschluss fast schon rituell seine Stratocaster, deren Reste dann in die Zuschauermenge flogen… Nun ja, inzwischen ist der Windmühlenflügel-Gitarrist auch etwas ruhiger und besonnener geworden.

Höhepunkt am Morgen ab acht Uhr dann der Auftritt von *Jefferson Airplane* um *Paul Kantner* und die Sängerin *Grace Slick*, hier zusätzlich verstärkt durch den umtriebigen Pianisten *Nicky Hopkins*. Sie konnten wirklich überzeugen – vielleicht hatten sie ja durchgeschlafen oder waren inzwischen so übernächtigt, dass alles wie von selbst ablief. Hier sind sie jedenfalls mit „Eskimo Blue Day" – zuvor aber noch *The Who*.

The Who: We're Not Gonna Take It
Jefferson Airplane: Eskimo Blue Day

Kommen wir nun zum Schlusstag des legendären Schlamm-Festivals auf den Kuhweiden bei Bethel im Staate New York.

Das sonntägliche Line-Up wurde eröffnet von keinem geringeren als *Joe Cocker*. Der hatte ein Jahr zuvor zwar mit dem *Beatles*-Cover „With A Little Help From My Friends" seinen Durchbruch als markante, unverwechselbare Reibeisenstimme der Rock-Ära feiern können, war aber noch längst kein Headliner. Mit seiner *Grease*-Band musste er sich mit schlappen 1.375 Dollar für den Auftritt zufriedengeben – zum Vergleich: *The Who* hatten etwa das Achtfache kassiert! Der Auftritt in Woodstock machte allerdings *Cocker* zur Legende – nicht zuletzt wegen des animalischen Schreis, mit dem *Cocker* auf die Frage des Chores „Do You Need Anybody?" antwortet. Das können wir uns auch nicht entgehen lassen – hier ist *Joe Cocker* mit seinem Auftritt in Woodstock von fünfzig Jahren.

Joe Cocker: With A Little Help From My Friends

Unmittelbar nach Cockers legendärem Aufschrei sorgte ein heftiges Gewitter erneut für eine längere Konzertunterbrechung.

Der Sonntagabend hatte dann mit *Ten Years After, The Band, Blood, Sweat and Tears, Crosby, Stills, Nash and Young*, der *Paul Butterfield Bluesband* und natürlich *Jimi Hendrix* einiges zu bieten; allerdings waren viele der Besucher da schon wieder auf dem Heimweg – den Schlussauftritt von *Hendrix* am Montagmorgen erlebten gerade mal noch 35.000 Besucher mit, also nicht mal jeder Zehnte derer, die zuvor allen Wetterkapriolen und Regengüssen getrotzt hatten. Doch der Reihe nach.

Kurz nach 20 Uhr spielte der britische Blues-Gitarrist und Sänger *Alvin Lee* mit seinem Quartett *Ten Years After* sein rasantes „I'm Going Home" – hier ist es!

Ten Years After: I'm Going Home

In Erinnerung an das legendäre Woodstock-Festival im August 1969 nun zu einer absoluten Supergruppe der damaligen Zeit in der spannungsgeladenen Kombination der vier Egomanen *David Crosby, Stephen Stills, Graham Nash* und *Neil Young*. Letzterer war übrigens erst kurz vor Woodstock zum bereits existenten Trio *Crosby, Stills & Nash* gestoßen; es war der zweite gemeinsame Auftritt als Quartett.

Zu gegebener Zeit werde ich den Vieren eine komplette LiveRillen-Sendung widmen – vielleicht ist spätestens der im November 2020 anstehende 75. Geburtstag von *Neil Young* dafür ein guter Aufhänger.

Heute bleiben wir aber musikalisch in Woodstock – hier zunächst *Crosby, Stills & Nash* mit der von *Stephen Stills* für seine Freundin *Judy Collins* geschriebenen Suite „Judy Blue Eyes", danach dann „Sea Of Madness", ein Stück, das *Neil Young* ins gemeinsame Repertoire einbrachte.

CSN&Y: Judy Blue Eyes / Sea Of Madness

50 Jahre Woodstock – der Abschlusstag zog sich mit seinem Konzertreigen bis weit in den Montagmorgen hinein. Früh gegen 6 Uhr gab es noch mal mitreißenden Bluesrock von der *Paul Butterfield Bluesband* mit viel Mundharmonika und sonstigem Gebläse. Der damals 27jährige *Paul Butterfield* hatte sein Bluesharp-Spiel mit Größen wie *Muddy Waters, Howlin' Wolf, Little Walter* oder *James Cotton* perfektionieren können; im selben Jahr hatte er bereits zu den auserwählten weißen Bluesmusikern gehört, die Muddy Waters zu seinem legendären Blues&Rock-Projekt „Fathers and Sons" einlud, das durch ein gleichnamiges, teilweise live eingespieltes Doppelalbum bei *Chess Records* dokumentiert wurde (siehe LiveRillen No. 3, S. 13ff). Hier wie dort gehörte der Gitarrist *Mike*

Bloomfield zur Band; in Woodstock kam mit *Elvin Bishop* ein weiterer Könner auf den sechs Saiten hinzu. Ein energiereicher Schmelztiegel des weißen, elektrifizierten Chicago-Blues also – hier ist die *Paul Butterfield Bluesband* mit „Everything's Gonna Be Alright".

Paul Butterfield Bluesband: Everything's Gonna Be Alright

Tja, das war sie dann schon wieder, die 17. LiveRillen-Ausgabe auf Radio Corax – heute zum 50jährigen Jubiläum des legendären Woodstock-Festivals vom August 1969 – des *Summer Of Love*. In diesem Sommer 2019 gibt's ja mehrere Konzerte und Festivals, die sich an das Jubiläum dranhängen – vielleicht seid ihr sogar dabei, wenn mit *Ten Years After, Corkie Laing's Mountain* oder *Canned Heat* einige der damaligen Protagonisten auch hierzulande das alte Feeling beschwören – etliche der Stars von Woodstock müssen allerdings inzwischen von ganz oben zuschauen.

In der nächsten LiveRillen-Sendung im September werde ich an ein besonderes Konzert erinnern, das vor 40 Jahren unter dem Motto „No Nukes – Keine Atomwaffen" stattgefunden hat. Na, und außerdem wird der Boss im September 70, daran kommen wir auch nicht vorbei.

Den Schlusspunkt in Woodstock setzte bekanntlich der linkshändige Saitenzauberer *Jimi Hendrix* am Montagmorgen gegen 11 Uhr – seine Gage von 18.000 Dollar war die höchste aller beteiligten Künstler. Neben seiner Rhythmusgruppe, bestehend aus *Billy Cox* am Bass, mit dem *Hendrix* während seiner Armeezeit gejammt hatte und der inzwischen den *Experience*-Bassisten *Noel Redding* ersetzte, und *Mitch Mitchell* am Schlagzeug, stand auch der Gitarrist *Larry Lee* neben *Hendrix* auf der Bühne – ebenfalls ein guter Bekannter aus früheren Tagen. Zudem war die Percussion-Sektion durch *Juma Sultan* und *Gerarde "Jerry" Valez* erweitert worden.

Und auch bei uns darf in dieser Besetzung noch einmal die US-Hymne zerfetzt werden, bevor „Purple Haze" das Häuflein jener, die durchgehalten haben, auf die Heimfahrt schickt: *Jimi Hendrix* in Woodstock – und damit tschüss für heute!

Jimi Hendrix: Star Spangled Banner / Purple Haze

Quellen:

> Woodstock, 3-LP-Set, Atlantic, 1970
> Woodstock Two, Do.-LP, Atlantic, 1971

No. 18:   # 40 Jahre No Nukes Festival / Bruce Springsteen wird 70

September 2019

Nachdem die Augustsendung ganz dem Ereignis *Woodstock* gewidmet war, das genau ein halbes Jahrhundert zurückliegt, spielen heute zwei andere runde Zahlen die tragende Rolle – zunächst die 40 und dann im zweiten Teil die 70. Und eine direkte Verbindung zwischen beiden, die gibt es auch – so viel sei schon mal verraten.

Rechnen wir 40 Jahre zurück, landen wir im Herbst 1979. Ein Jahrzehnt neigt sich dem Ende zu, das weltpolitisch ebenso von Annäherung wie von Konfrontation gekennzeichnet war: Der KSZE-Prozess (also die „Konferenz für Sicherheit und Zusammenarbeit in Europa") mit der Schlussakte von Helsinki war in Gang gekommen und hatte auch hierzulande die Hoffnung auf demokratische Perspektiven genährt – die Biermann-Ausbürgerung 1976 hatte allerdings rasch deren Grenzen aufgezeigt. Zudem stationierte die Sowjetunion unter ihrem Staats- und Parteichef Breschnew SS-20-Mittelstrecken-Raketen, die atomar bestückt werden konnten, entlang der Westgrenzen des Warschauer Paktes, und die USA drohten mit Gegenmaßnahmen: Cruise Missiles und Pershing-II-Raketen sollten in Westeuropa aufgestellt werden, was die Gefahr eines dritten und – da mit Atomwaffen ausgetragen – voraussichtlich letzten Weltkrieges drastisch erhöhte. Übrigens hatte der SPD-Bundeskanzler Helmut Schmidt diese Gegenmaßnahmen der NATO bereits 1977 bei einer Rede in London ausdrücklich eingefordert! Der Protest gegen diese neue Runde des atomaren Wettrüstens ließ weltweit nicht auf sich warten, und zunehmend beteiligten sich auch international renommierte Künstler daran.

Es war vor allem *Jackson Browne*, der 1948 in Heidelberg geborene US-amerikanische Songwriter, selbst schon lange nicht nur künstlerisch, sondern auch politisch aktiv, der die Idee zu einem mehrtägigen Festival gegen die drohende Gefahr eines Nuklearkrieges und der Atomkraft entwickelte.

Er fragte an bei befreundeten Musikern, darunter *Graham Nash, Bonnie Raitt* und *James Taylor*, und sie alle und noch mehr waren dabei, als am 19. September 1979 im New Yorker *Madison Square Garden* das *No-Nukes-Festival* unter dem Motto *"Concerts For A Non-Nuclear Future"* begann. Und da steigen wir nun auch musikalisch ein mit zwei der Hauptorganisatoren: *Jackson Browne* und *Graham Nash* spielen gemeinsam "The Crow On The Cradle" – jenen Folkklassiker des britischen Poeten *Sydney Carter* über die Krähe, die dem Jungen schon an der Wiege das Lied vom Krieg singt. Ein Song, den auch *Pete Seeger* und viele andere Barden gecovert haben. Und nach dieser schönen akustischen Version gibt's gleich noch einen *Jackson-Browne*-Titel als Nachschlag: „Before The Deluge" aus dem Jahr 1974 – ein metaphernreiches und hoffnungsvolles Lied über die schwierigen Zeiten vor der reinigenden Sintflut. Und damit hinein ins *No-Nukes-Festival* des Jahres 1979.

Jackson Browne & Graham Nash: The Crow On The Cradle
Jackson Browne: Before The Deluge

Jackson Browne, der Motor hinter dem *No-Nukes-Festival* im New Yorker *Madison Square Garden* vom September 1979. Das legendäre Konzertereignis konnte eine illustre Musikerschar aufbieten, die sich mit ihren Mitteln gegen die Gefahr eines Atomkrieges stemmte. Darunter auch – *James Taylor*.
Der 1948 geborene Gitarrist und Sänger zählt bis heute zu den versiertesten Grenzgängern zwischen Blues, Folk, Rock und Jazz – zudem gilt er als einflussreicher Songschreiber und wurde sowohl in die *Rock and Roll Hall of Fame* als auch in die *Songwriters Hall of Fame* aufgenommen. In seinem Trophäenschrank stapeln sich unter anderem fünf Grammys und etliche Goldene Schallplatten!
Beim *No-Nukes-Festival* trat er gemeinsam mit seiner damaligen Ehefrau *Carly Simon* auf, mit der er zuvor bereits einige erfolgreiche Songs veröffentlicht hatte – das Paar wurde dann allerdings 1982 geschieden. In *Taylors* eigener Karriere gab es Höhen und Tiefen, letztere vor allem im privaten Bereich, doch als Musiker schmückten sich viele Stars gern mit ihm und seinen Kompositionen – darunter *Neil Young, Joni Mitchell, Carole King* oder *Mark Knopfler*.
Hier sind drei Songs mit *James Taylor*, aufgenommen vor 40 Jahren beim *No-Nukes-Festival* – zunächst „Captain Jim's Drunken Dream" aus der eigenen Feder, danach „Honey Don't Leave L.A." vom Songwriter-Kollegen *Danny Kortchmar* und schließlich – im sängerischen Duell mit seiner Frau *Carly Simon* – ihre Duett-Fassung von „Mockingbird", einem Song, den die Geschwister *Inez* und *Charlie Foxx* in den frühen 60ern in die Top Ten der US-Charts gebracht hatten.

James Taylor: Captain Jim's Drunken Dream / Honey Don't Leave L.A. / Mockingbird

40 Jahre *No-Nukes*-Konzerte für eine Zukunft ohne Atomwaffen – stattgefunden haben sie im September 1979 im Ney Yorker *Madison Square Garden*. Das eben waren *James Taylor* und *Carly Simon* im Duett – hier auch privat noch harmonisch vereint. Und der Saxofonist bei den eben gehörten Titeln war kein geringerer als *David Sanborn*.

Mit dabei waren auch die von Funk und Soul beeinflussten Rocker der *Doobie Brothers* – bekanntlich weder Brüder noch auf den Namen *Doobie* getauft – das war nichts weiter als die kalifornische Szene-Bezeichnung für den Joint, der wohl nicht nur bei dieser um 1970 gegründeten Band häufig friedlich kreiste.

Seit ihrem Hit „Listen To The Music" waren die *Doobie Brothers* zu Hitgaranten gereift, und *Michael McDonald*, der Mitte der 70er von *Steely Dan* kommend zu den *Doobies* gestoßen war, wurde mit seiner hohen Stimme zum Markenzeichen. Hier sind zu hören mit ihrem mitreißenden „Dependin' On You".

Gleich danach hören wir mit *Bonnie Raitt* eine der Haupt-Organisatorinnen des *No-Nukes-Festivals*. Die Tochter eines kalifornischen Musicalstars war zeitig aus dieser Glimmer-Welt von Hollywood und Broadway ausgebrochen und als Folksängerin durch die Klubs getingelt, wo sie freundschaftliche Kontakte zu zahlreichen älteren Folk- und Bluessängern pflegte. Auch ihre Plattenveröffentlichungen fanden zunehmende Beachtung – ihre sechste LP „Sweet Forgiveness" aus dem Jahr 1977 wurde mit Gold dekoriert.

Als erklärte Atomkraft-Gegnerin gründete sie in dieser Zeit die Künstlerinitiative M.U.S.E. – das steht für *„Musicians United for Save Energy"* (und das klingt auch nach 40 Jahren noch außerordentlich modern, nicht wahr?).

Inzwischen wurde sie sowohl in die *Rock and Roll* als auch in die *Blues Hall of Fame* aufgenommen und der „Rolling Stone" führt sie auf Platz 50 der 100 besten Rock-

Vokalisten – in Kürze wird *Bonnie Raitt* 70 Jahre alt, und hin und wieder steht sie sogar noch auf der Bühne.

Hier hören wir sie mit einer wunderschönen Version von „Runaway", dem Klassiker aus der Feder von *Del Shannon* und *Max Crooke*, und danach mit ihrer Version von „Angel From Montgomery" des US-Country-Stars *John Prine* – ein Song über die Sehnsucht einer Frau, aus ihrem eintönigen Alltag auszubrechen.

Doobie Brothers: Dependin' On You
Bonnie Raitt: Runaway / Angel From Montgomery

Die *Doobie Brothers* stellten sich beim *No-Nukes-Festival* aber auch als Begleitband einer interessanten Stimme, die *Nicolette Larsson* gehört. Die 1952 in Kalifornien geborene Sängerin hatte gerade ein Jahr zuvor, 1978 also, ihr Debüt veröffentlicht und mit dem Neil-Young-Song „Lotta Love" einen veritablen Hit landen können.

Und genau den singt sie hier – begleitet von den *Doobie Brothers*. Mit nur 45 Jahren ist *Nicolette Larsson* übrigens an einem Blutgerinsel im Gehirn verstorben; verheiratet war sie mit *Russ Kunkel*, der unter anderem bei *Jackson Browne* am Schlagzeug saß.

Danach stand dann *Ry Cooder* auf der Bühne des *Madison Square Garden*, um sein Engagement für eine Zukunft ohne Atomwaffen deutlich zu machen. Er war zu diesem Zeitpunkt bereits ein gestandener Bluesgitarrist, der unter anderem mit *Taj Mahal, Captain Beefheart, Little Feat* oder den *Rolling Stones* gearbeitet hatte – so ist seine Slidegitarre auf den *Stones*-Alben „Let It Bleed" und „Sticky Fingers" zu hören. Noch weit in der Zukunft lag seine Arbeit mit dem *Buena Vista Social Club* um den Pianisten *Ruben Gonzales*, den Sänger *Ibrahim Ferrer* und *Compay Segundo* an der Gitarre, allesamt über 80 Jahre alt – *Ry Cooder* wird es später „das größte musikalische Erlebnis meines Lebens" nennen.

Hier ist er noch im Jahr 1979 beim *No-Nukes-Festival* mit „Little Sister", einem *Elvis-Presley*-Hit aus dem Jahr 1961, geschrieben von *Mort Schuman* und *Doc Pumus*.

Und als drittes Stück in diesem Set noch etwas Außergewöhnliches: das afroamerikanische Gesangsensemble *Sweet Honey In The Rock*, das häufig bei Veranstaltungen der US-amerikanischen Bürgerrechtsbewegung auftrat. Hier sind die gospelnden Damen mit ihrer A-Capella-Version von „A Woman".

Zuvor *Nicolette Larsson*, unterstützt durch die *Doobie Brothers*, sowie *Ry Cooder*.

Nicolette Larsson: Lotta Love
Ry Cooder: Little Sister
Sweet Honey In The Rock: A Woman

Engagierter A-Capella-Gesang für eine wichtige Sache – *Sweet Honey In The Rock* beim *No-Nukes-Festival* für eine Zukunft ohne Atomwaffen.

Wie bereits erwähnt, gehörte *Graham Nash* zu den Initiatoren und Vorbereitern des viertägigen Konzertereignisses, und natürlich ließ er es sich nicht nehmen, gemeinsam mit seinen Kumpels *Stephen Stills* und *David Crosby* auf die Bühne zu gehen – damals konnten sie noch gut miteinander; das große Zerwürfnis mit *David Crosby* lag in weiter Ferne. Ihr Part war zweifellos einer der Höhepunkte des Festivals.

Hier sind *Crosby, Stills & Nash* mit den Songs „You Don't Have To Cry" von *Stephen Stills*, „Long Time Gone" von *David Crosby* und dem Klassiker „Teach Your Children" aus der Feder von *Graham Nash* himself, der das Publikum hörbar mitriss…

Crosby, Stills & Nash: You Don't Have To Cry / Long Time Gone / Teach Your Children

Zum *No-Nukes-Festival* sind ja im Nachhinein ein Dreifach-Album, das der heutigen LiveRillen-Sendung das Futter gibt, sowie ein Konzertfilm erschienen – beide Veröffentlichungen hatten es aber nicht eben leicht in der Publikumsgunst, da viele der versammelten Stars nicht unbedingt ihre ganz großen Charterfolge spielten, sondern sich – teils auch mit Cover-Songs – ganz in den Dienst des Festival-Mottos stellten: *For a Non-Nuclear Future!*

Und immer wieder kam es dabei auf der Bühne zu ungewöhnlichen Besetzungskonstellationen, so auch bei diesem Stück, das freilich nicht fehlen durfte, auch wenn der Meister selbst durch Abwesenheit glänzte: *Bob Dylans* Hymne für jedwede Hoffnung auf Veränderung und Wandel: „The Times They Are A-Changin'". Hier singen und spielen gemeinsam *Graham Nash, Carly Simon* und *James Taylor.*

Graham Nash, Carly Simon & James Taylor: The Times They Are A-Changin'

Das weltweite atomare Wettrüsten Ende der 1970er Jahre konnte auch dieser engagierte Konzertmarathons letztlich nicht verhindern, aber die anhaltenden Proteste bis hin zu den Höhepunkten in der Bundesrepublik, wo 1983 Hunderttausende gegen den so genannten Nato-Doppelbeschluss auf die Straße gingen, und in der DDR, wo der Aufnäher „Schwerter zu Pflugscharen" Staatsmacht und Stasi gehörig ärgerte, müssen dennoch als Erfolg gesehen werden.

Mitte der 1980er kam dann mit Michail Gorbatschow, dem wohl ersten Realpolitiker an der Spitze der sowjetischen Kommunisten, das Ende der Rüstungsspirale – durch einseitige Abrüstung als moralischem Druckmittel, dem sich selbst ein Cowboy wie Ronald Reagan nicht entziehen konnte.

Zum Abschluss dieses Konzertrückblicks noch ein Block mit gepflegtem Southern
& Folk Rock: Zunächst *Poco* mit ihrem Ohrwurm „Heart Of The Night", danach
spielen *Tom Petty* und seine *Heartbreakers* „Cry To Me", ein von *Burt Russell*
geschriebener und von *Solomon Burke* 1961 aufgenommener Song, den auch die
Rolling Stones schon gecovert hatten.

Tja und schließlich die Geburtsstunde einer ganz großen Karriere: *Bruce Springsteen*
war erstmals gemeinsam mit seiner ihn bis heute begleitenden *E-Street-Band*
öffentlich auf der Bühne zu erleben! Und auch er – zu dem gleich noch etwas
mehr zu sagen ist – hat ein interessantes Stück ausgewählt, das ganz sicher vor
manchem Auge *Jennifer Grey* und *Patrick Swayze* auferstehen lässt: „Stay", das der
US-Pianist *Maurice Williams* geschrieben und gemeinsam mit seinen *Zodiacs* 1960
zum Hit gemacht hat, bevor es durch „Dirty Dancing" ein ungeahntes Revival
erlebte. Hier also eine Version von *Bruce
Springsteen* und der *E-Street-Band*, gesanglich
verstärkt durch *Jackson Browne*, der sogar eine
eigene Strophe beisteuerte, und *Rosemary Butler* –
vorher wie gesagt noch *Poco* sowie *Tom Petty* und
die *Heartbreakers*.

Poco: Heart Of The Night
Tom Petty: Cry To Me
Bruce Springsteen: Stay

Und damit bietet sich ein ganz organischer Übergang vom Anti-Atom-Konzert
zum Geburtstagskind dieses Monats: Am 23. September (2019) wird *Bruce
Springsteen* seinen 70. Geburtstag feiern, und ich gratuliere ihm heute schon mal
sehr herzlich dazu!

Was soll man über ihn sagen, was die Kritiker nicht schon gelobt hätten an dem in
Freehold, New Jersey, geborenen Superstar – er sei der „Geist des Rock'n'Roll",
ein „Live-Performer der ersten Kategorie, ein talentierter Songschreiber und die
charismatischste Persönlichkeit, die seit den frühen Siebzigern aus dem
amerikanischen Rock hervorgegangen ist" – so die Musikjournalisten *Phil Hardy*
und *Dave Laing*.

Siegfried Schmidt-Joos widmet ihm in seinem umfassenden Rock-Lexikon dreieinhalb
Seiten – mehr Platz hat dort nur *Bob Dylan* abbekommen. Dabei ist *Bruce Springsteen*
für mich der glatte Gegenentwurf zum zumeist doch sehr grüblerischen,
introvertierten und schweigsamen *Bob*, der sich zunehmend hinter seinen
nobelpreiswürdigen Metaphern versteckt – *Springsteen* singt, was und wie er denkt,
dazu explodiert er geradezu auf der Bühne, arbeitet wie ein Berserker und macht
sich gern gemein mit seinem Publikum, das ihn genau dafür liebt und – ja –
geradezu vergöttert.

Dabei bleibt *Bruce Springsteen* in Jeans und T-Shirt der Kumpel von nebenan, der über die Arbeit singt, über die anonyme Großstadt und das weite Land, über endlose Straßen und natürlich über die Liebe in all ihren auch tragischen Facetten.

Stets ist seine Melancholie kraftvoll, nie larmoyant, und die Power seiner *E-Street-Band* tut ein Übriges hinzu, dass seine Konzerte seit Jahrzehnten zum Besten gehören, was die Rockperformance weltweit zu bieten hat. Für mich, den Ossi, kommt natürlich das unvergessliche Erlebnis vom Sommer 1988 hinzu, als Springsteen unter dem FDJ-Motto „Konzert für Nikaragua" in Ostberlin spielen durfte – ich gehörte zu den wohl mehr als 160.000 Besuchern und habe im großen Chor mein „Born In The G.D.R." mitgebrüllt, jawoll! Und die Eintrittskarte für 19,95 Mark der DDR plus 5 Pfennige Kulturabgabe, die halte ich heilig.

Nun also noch ein bisschen Musik vom Boss, live natürlich – es gibt ja diese wunderbare Konzert-Plattenbox mit fünf LPs und Aufnahmen aus den Jahren

1975 bis 1985, damit könnte man zwei LiveRillen-Sendungen locker füllen – hier zwei Titel aus den frühen Jahren, die die musikalische Spannbreite von *Springsteen* andeuten – zunächst nur vom Piano begleitet die Ballade „Thunder Road", und danach rockt die E-Street-Band „Adam Raised A Cain".

Bruce Springsteen: Thunder Road / Adam Raised A Cain

Zum heutigen Abschluss noch zwei Mal *Bruce Springsteen* – zunächst seine Coverversion des *Woody-Guthrie*-Klassikers „This Land Is My Land" und anschließend sein großartiges „The River" – die wehmütige Erinnerung des Sängers an eine imaginäre Mary und dazu die Sehnsucht, mit ihr wieder hinunter zum Fluss zu gehen, der längst ausgetrocknet ist...

Im Fokus der nächsten LiveRillen-Ausgabe steht dann Australiens Rockmusik – ich war im Februar vier Wochen mit meinem Sohnemann dort unterwegs und habe einiges an Platten mitgeschleppt, sodass wir ganz ohne *AC/DC* auskommen werden, versprochen! Und außerdem steht auch da ein runder Geburtstag ins Haus: *Grace Slick*, die Sängerin von *The Great Society* und *Jefferson Airplane*, wird 80!

Bruce Springsteen: This Land Is Your Land / The River

Quellen:

- ➤ No Nukes / From The M.U.S.E. Concerts For A Non-Nucleare Future, 3-LP-Set, Asylum, 1979
- ➤ Bruce Springsteen & The E Street Band: Live 1975 – '85, 5-LP-Set, CBS, 1986

No. 19: Grace Slick wird 80
Rock aus Down Under
Oktober 2019

Die heutige 19. Sendung beginnt mit dem Geburtstagskind des Monats, auch wenn selbiges bis zur großen Feier noch ein paar Wochen warten muss: Am 30. Oktober 1939 erblickte *Grace Barnett Wing* in Chicago das Licht der Welt. Nun fragt ihr euch hoffentlich, wer das denn bitteschön sei?! – Bekanntgeworden ist sie als *Grace Slick*, nachdem sie Mitte der 1960er Jahre den Schlagzeuger *Jerry Slick* geheiratet und gemeinsam mit dessen Bruder *Darby* in San Francisco die Folkrock-Band *The Great Society* gegründet hatte.

Dabei war sie keineswegs nur das weibliche Anhängsel der Band, sondern mit ihrem Selbstbewusstsein und nicht zuletzt durch ihr Aussehen – sie hatte zuvor kurzzeitig als Fotomodell gearbeitet – quasi das energetische Zentrum, auch was Kompositionen und Texte sowie die Vermarktung der Gruppe betraf. Derart emanzipierte Frauen waren in der populären Musik dieser Zeit noch Mangelware, damit kamen auch nicht alle männlichen Alpha-Tiere auf der Bühne klar, und so kam es schon nach einem guten Jahr zum Bruch – *Grace Slick* verließ sowohl *Great Society* als auch ihren Mann. In der Versenkung ist sie dadurch aber nicht verschwunden, ganz im Gegenteil – dazu gleich mehr.

Hier zunächst eine der raren Aufnahmen von *The Great Society*: „Somebody To Love", ein später vielfach gecoverter Song, den ihr Schwager *Darby Slick* geschrieben hat, mitgeschnitten 1966 im *MATRIX*, einem der vielen angesagten Musikklubs von San Francisco…

Great Society: Somebody To Love

27 Jahre alt war *Grace Slick* damals – Ende dieses Monats wird sie nun ihren 80. Geburtstag feiern.

Nach der Trennung von ihrem Mann und der Auflösung ihrer gemeinsamen Band stieg *Grace Slick* in eine der seinerzeit populärsten kalifornischen Gruppen ein: *Jefferson Airplane*. Die machten aus „Somebody To Love" und dem von Grace selbst geschriebenen „White Rabbit" sofort veritable Hits. Letzteren spiele ich gleich noch in der ursprünglichen *Great-Society*-Fassung. Da ist der Song noch etwas entschlackter als in den komplexen Soundstrukturen, die *Jefferson Airplane* auf die Bühne brachten – vor allem durch die beiden hervorragenden Gitarristen *Paul Kantner* und *Jorma Kaukonen* – der eine folkinspiriert, der andere vom Blues kommend, dazu jazzerprobte Musiker an Bass und Schlagzeug und live zudem häufig verstärkt durch den versierten Szene-Geiger *Papa John Preach*.

Von ihrem 1973 in San Francisco und Chicago eingespielten Livealbum „Thirty Seconds Over Winterland" zunächst „When The Earth Moves Again", geschrieben von *Paul Kantner*, von dem *Grace Slick* 1971 übrigens ihre Tochter China bekam, und anschließend „Milk Train", das *John Preach* und *Grace Slick* gemeinsam zu verantworten haben. Hier sind *Jefferson Airplane* mit dem Oktober-Geburtstagskind *Grace Slick* am Mikrofon.

Jefferson Airplane: When The Earth Moves Again / Milk Train

Dass Drogen in der kalifornischen Musikszene jener Jahre eine wichtige Rolle spielten, ist kein Geheimnis – hinzu kamen die Proklamation freier Sexualität, der Hippie-Kult eines friedlichen Wandels der Gesellschaft und diverse Science-Fiction-Fantasien, alles verquirlt zu konzertanten Mini-Opern, in denen sich das Publikum hervorragend verlieren – und irgendwie auch wiederfinden konnte. Schon 1967 wird *Grace Slick* zitiert mit dem Satz, es spiele keine Rolle, was die Texte sagen – *„Unsere Lieder bedeuten alle dasselbe: Seid frei, frei in der Liebe und frei im Sex!"* Dass sie selbst dabei mit mehr oder minder gutem Beispiel voranging, ist durchaus kein Gerücht...

Das Stück „White Rabbit" ist dafür ein gutes Song-Beispiel – so eine Alice-im-Drogen-Wunderland-Geschichte – hier die Liveversion des weißen Kaninchens von *Great Society* aus dem Jahr 1966 mit *Grace Slick* als Gesangssolistin

Great Society: White Rabbit

Der weitere künstlerische Weg von *Grace Slick* hält leider viele unrühmliche Momente fest – zunehmende Alkoholsucht, abgebrochene Tourneen, misslungene Solo-Projekte und erfolglose Wiederbelebungsversuche des einstigen *Airplane*-Ruhmes.

Nach ihrer Mitwirkung an einem erfolglosen Reunion-Album von *Jefferson Airplane* 1989 zog sie sich enttäuscht weitgehend aus der Öffentlichkeit zurück.

Als die Band 1996 in die *Rock and Roll Hall of Fame* aufgenommen wurde, war sie nicht dabei. Sie stürzte sich auf die Malerei und engagiert sich bis heute für den Tierschutz (u. a. für die Organisation PETA), seltene Ausflüge zurück zur Musik inklusive.

Schwamm drüber – zum 80. Geburtstag der Rock-Ikone der 60er und 70er Jahre vorab schon mal einen herzlichen Glückwunsch, und dazu nochmals ein Stück von *Jefferson Airplane*, geschrieben wiederum von *Paul Kantner.* „Twilight Double Leader" – eine merkwürdige Wortverbindung, an der die gängigen Übersetzungsprogramme scheitern; wer eine passende Deutung parat hat, lasse es mich wissen – die Mailadresse ist bekannt: LiveRillen@gmx.de...

Jefferson Airplane: Twilight Double Leader

Nun zum heutigen Länderschwerpunkt, der identisch ist mit einem ganzen Kontinent: Es geht um *Australien* – Rockmusik und Verwandtes live aus *Down Under.* Einiges davon hat den Sprung über diverse große Teiche geschafft, anderes ist regional begrenzt geblieben, aber durchaus interessant. Ich konnte im Februar/März in einigen Plattenläden in Perth wühlen, was mein Rückfluggepäck ziemlich belastet hat, aber das habe ich gern geschleppt, schon um es hier vorstellen zu können.

Beginnen wir tief in den 1960er Jahren – eine der ersten australischen Gruppen, die in den USA und Großbritannien populär wurden, waren die *Seekers.* Aus den

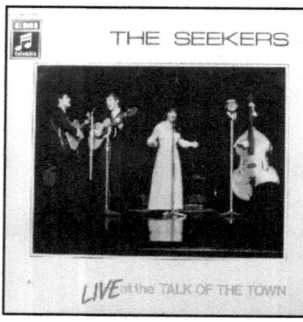

Freizeitmusikern, die in Melbourne Folksongs spielten, wurde durch das Fernsehen ein erfolgreicher Pop-Act. Ab 1964 widmete sich das Quartett um die Sängerin *Judith Durham* ganz der Musik, siedelte nach England über und startete eine beachtliche Karriere.

Hier ein Konzertmitschnitt, der an Judiths 25. Geburtstag 1968 im Londoner Musikklub *Talk Of The Town* entstand, unterstützt vom dort ansässigen Orchester. Die *Seekers* mit „Music Of The World" und „I'll Never Find Another You".

Seekers: Music Of The World / I'll Never Find Another You

Nun zur wohl erfolgreichsten australischen Band der 1970er Jahre namens *Sherbet*, was übersetzt so viel wie Sorbet bedeutet, ein Zitroneneis zum Beispiel...

Im Zentrum der Band stand der Sänger *Daryl Braithwaite*, dazu *Tony Mitchell* am Bass, *Garth Porter* an den Keyboards, *Alan Sandow* am Schlagzeug und *Clive Shakespeare* an der Gitarre, später ersetzt durch *Harvey James*.

Sherbet war der erste inländische Rock- und Pop-Act, der in Australien Schallplatten im Wert von einer Million Dollar verkaufte: 20 aufeinanderfolgende Hit-Singles und 17 Alben, die zehn Platin- und 40 Gold-Auszeichnungen einheimsten! 1990 wurden *Sherbet* in die *ARIA Hall of Fame* aufgenommen.

Ich habe zwei Livealben der Band im Regal – hier zunächst vom 1974er Album „In Concert" ein *Free*-Coversong: „Wishing Well", und im Anschluss vom 77er Album „Caught In The Act" die Eigenkomposition „Blueswalkin'" – hier sind *Sherbet.*

Sherbet: Wishing Well / Blueswalkin'

So viel zu *Sherbet*, der in den 70ern erfolgreichsten Band in *Down Under*. Zwei Titel brachten sie auch in den britischen Charts unter, ansonsten blieben sie mit ihrem Ruhm doch auf den fünften Kontinent beschränkt.

Anders die *Little River Band*: Mitte der 70er Jahre gegründet, konzentrierte sie sich von Beginn an auf den internationalen Markt und konnte durch ihre am Southern-Rock orientierte Spielweise rasch in den USA Fuß fassen: Von 1978 bis 1981 kamen sechs Singles der *Little River Band* unter die Top Ten der US-Charts. Bis heute ist die Band trotz diverser Personalwechsel aktiv – in diesem Jahr war sie sogar hierzulande live zu erleben, und die dabei waren, schwärmen von einem wundervollen Konzert.

Wesentlich früher entstanden diese Liveaufnahmen, die ich ihrem 1980 veröffentlichten Doppelalbum „Backstage Pass" entnehme: Zunächst von der ersten Scheibe, die bei einem gemeinsamen Konzert mit dem *Adelaide Symphony Orchestra* aufgenommen wurde, „Help Is On It's Way", geschrieben vom Sänger *Glenn Shorrock*, und danach ein Mitschnitt ihrer 79er USA-Tournee: „I Don't Worry No More" aus der Feder des Little-River-Gitarristen *Beep Birtles*.

Little River Band: Help Is On It's Way / I Don't Worry No More

Nach der *Little River Band* nun zu *Andrew Durant*, einem australischen Gitarristen, Songschreiber und Sänger, der 1980 mit nur 25 Jahren an Krebs starb. Zuvor war er mit der Country-Rock-Gruppe *STARS* populär geworden und hatte mit zahlreichen anderen Musikern im Studio oder live zusammengespielt.

Diese offenkundige Beliebtheit führte dazu, dass am 19. August 1980 in Melbourne ein *Andrew Durant Memorial Concert* mit zahlreichen Kollegen über die Bühne ging, bei dem ausschließlich Kompositionen des Verstorbenen gespielt wurden. Das Konzert ist 1981 als Doppel-LP erschienen – davon spiele ich gleich den *Andrew-Durant*-Titel „Mighty Rock" – ein Song über das Dauerhafte, das Beständige der Musik, die wie ein mächtiger Felsen in der Brandung der Zeit ist. Beteiligt an diesem Gedenkkonzert war die australische Band *Cold Chisel* um den Sänger und Gitarristen *Jim Barnes*, zu der auch *Ian Moss* an der Gitarre und *Don Walker* an den Keyboards gehörten; die Rhythmusgruppe bildeten Schlagzeuger *Steve Prestwich* und Bassist *Phil Small*. Zudem waren der Saxofonist *Billy Rodgers* und der Harmonikaspieler *Dave Blight* mit auf der „Youth In Asia"-Tour von *Cold Chisel*, die im Winter 1980 stattfand und ebenfalls auf einem tollen Doppelalbum

dokumentiert wurde, das übrigens – bei Line Records – seinerzeit auch in Deutschland veröffentlicht wurde.

Von *Cold Chisel*, die stilistisch vielfältig von Folk über Bluesrock und Rockabilly bis Reggae unterwegs waren, gibt's zwei Titel: „Breakfast At Sweethearts" und „Rising Sun", beide aus der Feder des Keyboarders *Don Walker* – zuvor aber noch vom Tribut-Konzert für Andrew Durant: „Mighty Rock".

Andrew Durant Memorial Concert: Mighty Rock | Cold Chisel: Breakfast At Sweethearts / Rising Sun

Die australische Band *Cold Chisel* mit dem Sänger *Jim Barnes*, der sich später *Jimmy* nennen und nach der Auflösung von *Cold Chisel* und neben diversen Bandprojekten eine durchaus erfolgreiche Solo-Karriere starten wird. Geboren wurde *Barnes* übrigens nicht in *Down Under*, sondern 1956 als *James Swan* in

Schottland – seine Familie wanderte aus, als der kleine Jim vier Jahre alt war.

Ende 1987 wurde in der australischen Rock-Hochburg Melbourne ein fantastisches Konzert von ihm und seiner Band mitgeschnitten und 1988 unter dem Titel „BarneStorming" als Doppel-LP veröffentlicht. Daraus jetzt „Too Much Ain't Enough Love" – von der Liebe kann man ja eigentlich nie genug kriegen.

Und ich denke, nicht nur mich erinnert der Gesangsstil von *Jimmy Barnes* an *Paul Rogers*, den langjährigen Frontmann von *Free* und *Bad Company*, zu dessen 70. Geburtstag übrigens die Dezember-Sendung der LiveRillen gratulieren wird. Hier und heute geht's aber um Australien, und jetzt ganz speziell um *Jimmy Barnes*.

Jimmy Barnes: Too Much Ain't Enough Love

Australian Crawl (von Fans oft als *Aussie Crawl* oder einfach *The Crawl* bezeichnet) war eine australische Rockband um den Sänger *James Reyne* sowie die Gitarristen *Simon Binks, Guy McDonough* und *Brad Robinson*, die 1978 gegründet und oft auf unterhaltsame Surfmusik reduziert wurde – so ein bisschen als australische *Beach Boys*. Ihre Titel behandelten aber auch soziale Themen wie vordergründigen Materialismus, Alkoholsucht oder Autoraserei.

Anfang der 1980er Jahre hatten *Australian Crawl* mehrere Nummer-1-Alben, und ihr Titel „Reckless" schaffte es auch in den Single-Charts auf Platz 1.

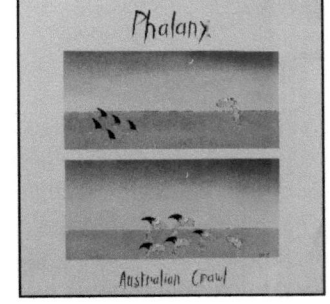

Nach einigen Todesfällen und Umbesetzungen löste sich die Gruppe schon 1986 wieder auf, wurde jedoch aufgrund ihrer Bedeutung für die regionale Musikszene 1996 in die *Hall of Fame* der *Australian Recording Industry Association* (kurz *ARIA*) aufgenommen.

Von ihrem 1983 erschienenen Livealbum „Phalanx" kommt gleich ihr Singlehit „Reckless".

Danach dann *Goldrush*, eine in Sydney ansässige Country-/Bluegrass-/Rock-Band mit einigen der besten Musiker Australiens, als da sind der Gitarrist *Phil Emmanuel,* sein Bruder *Tommy* am Schlagzeug, *Mark Collins* mit Banjo, Mandoline und Gitarren, der Sänger und Gitarrist *Dave Mare* sowie *Chris Haigh* am Bass. Insbesondere live kamen *Goldrush* hervorragend rüber; Gitarrist *Phil Emanuel* erhielt nicht von ungefähr den Spitznamen „The Wiz" – also der Zauberer.

Von ihrer Liveplatte „Live At Last!" mit Aufnahmen aus dem Jahr 1981 spiele ich „Keep In Touch", eines ihrer erfolgreichsten Stücke. Danach noch mal *Australian Crawl* mit „The Boys Light Up".

Australian Crawl: Reckless
Goldrush: Keep In Touch
Australian Crawl: The Boys Light Up

Eine der führenden australischen Country-Bands gab sich den lustig klingenden Namen *Bullamakanka* – was in der Umgangssprache des Kontinents für einen mythischen Glücksort am äußersten Ende des Outbacks steht. 1978 als Freizeit-Trio gestartet, wurde in den 80er Jahren eine professionelle Band daraus, die auch in den USA erfolgreich tourte – nicht zuletzt aufgrund ihrer mitreißenden Mischung aus australischer Buschmusik mit amerikanischem Bluegrass, fröhlich dargeboten mit Banjo und Fiddle.

Im Laufe der Zeit spielten zahlreiche Musiker unter dem Etikett *Bullamakanka*; Bandgründer *Ray Young* ist 2004 zwar an Krebs verstorben, aber die *Bullas* sind noch immer live auf Festivals und Konzerten zu erleben und sorgen stets für ausgelassene Stimmung.

Gut nachvollziehen lässt sich das anhand dieser Aufnahmen aus ihrem 85er Album „Bullas Live": Zunächst der Titel „Chains" und gleich danach die erfolgreichste Hitsingle der Band, "Home Among The Gum Trees", die von zahlreichen anderen australischen Musikern gecovert wurde und wohl auch heute noch gern am abendlichen Barbecue-Platz irgendwo zwischen den Gummibäumen gespielt wird.

Bullamakanka: Chains / Home Among The Gumtrees

Vom Country-Style a la *Bullamakanka* jetzt zu radiotauglichem Pop-Rock und den *Uncanny X-Men*, die 1981 in Melbourne gegründet wurden: Leadsänger *Brian Mannix*, die Gitarristen *Chuck Hargreaves* und *Ron Thiessen*, dazu *Steve Harrison* an der Bassgitarre und *Nick Matandos* am Schlagzeug. Sie klangen keineswegs so unheimlich wie ihr Name und erreichten vor allem ein junges Publikum, das nach

ihren Songs gern abtanzte. Es gab einige mittlere Charterfolge, aber schon 1987 die Auflösung der Band. Ich hab ein Mini-Livealbum der *Uncanny X-Men* mit sechs Titeln im Regal, und daraus spiele ich jetzt das selbstbewusst-ironische „I'm The One", geschrieben von *Brian Mannix* und *Steve Harrison* – vier Minuten Pop-Rock entlang der musikalischen Hauptstraße.

Uncanny X-Men: I'm The One

Zum Abschluss dieser Sendung mit australischer Livemusik ein Musiker, der ob seiner Bedeutung eine eigene Sendung verdient hätte: der Singer/Songwriter *Paul Kelly* – nicht zu verwechseln mit dem US-Musiker gleichen Namens. Da *Kelly* zu Beginn des kommenden Jahres aber seinen 65. Geburtstag feiern wird, werden in der Januar-Ausgabe der LiveRillen dann auch weitere Aufnahmen von und mit ihm zu hören sein (siehe S. 54ff).

Geboren wurde *Paul Kelly* 1955 in Adelaide; mit 19 hatte er seine ersten Auftritte, ab Mitte der 70er dann auch mit Bands, deren Besetzung allerdings mehrfach wechselte. Ersten Plattenaufnahmen war kein großer Erfolg beschieden. Der kam Mitte der 80er Jahre, als *Kelly* sowohl solistisch als auch mit seiner Band, den *Messengers*, unterwegs war. 1997 wurde er in die *Aria Hall of Fame* aufgenommen und gehört heute zu den populärsten Musikern des fünften Kontinents.

Ich habe seinen Song „Dumb Things" ausgewählt – blöde Sachen also, und zwar gleich in zwei Versionen. Der ziemlich bittere Song über Enttäuschung und Verrat wird musikalisch gut abgefedert vom Blues-Rhythmus. Das Lied war übrigens auch in dem 1989er Film „Look Who's Talking" mit *John Travolta* und *Kirstie Alley* zu hören. Zum Abschluss dieser LiveRillen also zwei Mal *Paul Kelly* live – zunächst ein Solokonzert aus dem Jahr 1992, *Paul Kelly* nur mit Akustikgitarre und Mundharmonika, danach dann aus dem Jahr 1995 mit seiner Band, und beide Male spielt er sein „I've Done All The Dumb Things".

Damit tschüss bis zur November-Ausgabe der LiveRillen, dann mit einer Geburtstagsgratulation für *Bryan Adams* und der Erinnerung an das großartige *Benefiz-Konzert für Kambodscha* vor 40 Jahren.

Paul Kelly: Dumb Things

Quellen:

- The Andrew Durant Memorial Concert, Do.-LP, Mushroom Records Australia, 1980
- Australian Crawl: Phalanx, LP, EMI Australia, 1983
- Jimmy Barnes: Barnestorming Live, Do.-LP, Mushroom Records, 1988
- Bullamakanka: Bullas Live!, LP, EMI-Australia, 1985
- Cold Chisel: Swingshift, Do.-LP, Line Records, 1981
- Goldrush: Live At Last, LP, EMI-Australia, 1983
- The Great Society (with Grace Slick): Conspicuous Only In It's Absence / Recorded Live At The Matrix – San Francisco 1966, LP, Columbia, o.J.
- Jefferson Airplane: Thirty Seconds Over Winterland, LP, Grunt Records, 1973
- Paul Kelly: Live, May 1992, Do.-LP, Universal, o.J.
- Paul Kelly: Live At The Continental And The Esplanade, Do.-LP, Universal, 1995
- Little River Band: Backstage Pass, Do.-LP, EMI, 1979
- The Seekers: Live At The Talk Of The Town, LP, EMI, 1968
- Sherbet: … in concert, LP, Festival Records Australia, 1975
- Sherbet: Caught In The Act Live, LP, Festival Records, 1977
- Uncanny X-Men: Salive One!, Mini-LP, Mushroom Records Australia, 1982

No. 20: Nachruf auf Ginger Baker und Gratulation für Bryan Adams 40 Jahre Benefiz für Kampuchea

November 2019

Eigentlich sollte diese 20. Sendung (kleines Jubiläum!) wiederum mit dem Geburtstagskind des Monats beginnen, bevor ich mich ausführlich einem fast 40 Jahre zurückliegenden Konzert-Großereignis widmen wollte. Und die Gratulation wird auch gleich erfolgen – zuvor aber doch ein Moment der Wehmut: Am 6. Oktober, wenige Tage nach der letzten LiveRillen-Sendung, ist *Peter Edward Baker*, aufgrund seiner roten Haare besser bekannt als „Ginger", im Alter von 80 Jahren gestorben. Der geniale Schlagzeuger und gefürchtete Exzentriker war 1966 Mitbegründer der legendären *Cream*, er gilt als „Erfinder des Schlagzeug-Solos" in der Rockmusik, hat später zahlreiche kurzlebige Formationen gegründet, mit afrikanischen Musikern gespielt und nicht zuletzt ein Leben zwischen Olivenanbau in Italien und seiner Leidenschaft für Pferde-Polo in Colorado und Südafrika geführt. Die Filmdokumentation „Beware Of Mr. Baker" hat ihm schon zu Lebzeiten ein skurriles Denkmal gesetzt.

Hier zu Beginn der heutigen Sendung also eine akustische Würdigung für *Ginger Baker* – eine Aufnahme vom März 1967 aus dem *Konzerthuset Stockholm*, vom Bootleg-Label *Swingin' Pig Records* in weißes Vinyl gepresst: Die Gruppe *Cream* mit der *Ginger-Baker*-Komposition „Toad" – eine Kröte also, die wir gern schlucken, was immer das auch im Zusammenhang mit einem Schlagzeug zu bedeuten hat.

Cream: Toad

Ginger Baker live am Drum-Set von *Cream* – vor einem Monat ist der Musiker im Alter von 80 Jahren verstorben.

Nun aber zum Geburtstagskind dieses Monats November! Es ist ein Sänger, Gitarrist und Bandleader, der zu den kommerziell erfolgreichsten Rockstars der letzten Jahrzehnte gehört und an dem sich – wohl nicht zuletzt gerade deshalb – auch die Geister scheiden: Mr. *Bryan Adams*. Am 5. November vor genau 60 Jahren wurde er im kanadischen Kingston in Ontario geboren, als Sohn eines Berufssoldaten in Diensten der UNO. Das bescherte ihm eine internationale Kindheit, die er unter anderem in Israel, Portugal und Österreich verlebte.

Mit 17 Jahren verhalf ihm der Zufall in Person des renommierten kanadischen Songwriters *Jim Vallance* (mit dem er übrigens bis heute eng zusammenarbeitet) zu einem Musikdemo im Disco-Sound, das auf den Dancefloors einigen Erfolg hatte. Zwei wenig beachtete Platten folgten, ehe dem Mittzwanziger 1983 mit „Cuts Like A Knife" der Durchbruch gelang. In dem Jahr spielte *Adams* rund um den Globus sage und schreibe 283 Konzerte und festigte seinen Ruf als solider Live-Act, zu dem sicher auch sein smartes Auftreten in Jeans und T-Shirt beitrug.

Der *Rolling Stone* bescheinigte *Bryan Adams* „Lieder jugendlicher Leidenschaft, die emotional glaubwürdig klingen", und der *Stereo Review* befand, er werde wohl „nie einen Preis für Originalität gewinnen", sei aber „mit Selbstbewusstsein und Energie bei der Sache".

Wir überprüfen das gleich mal anhand des jüngst erschienenen Dreifach-Albums „Wembley 1996", gepresst in weißes Vinyl – hier der Titelsong seines 83er Erfolgsalbums „Cuts Like A Knife" – mit hörbarer Unterstützung des begeisterten Publikums – so was nennt man wohl schlicht Ohrwurm:

Bryan Adams: Cuts Like A Knife

Optisch kommt *Bryan Adams* auch mit 60 Jahren noch immer als der nette Junge von nebenan rüber – ich habe ihn im Vorjahr in Leipzig live erlebt, und das war sowohl musikalisch als auch soundtechnisch und vor allem visuell alles sehr überzeugend. Vor etlichen Jahren hat *Bryan Adams* ja neben der Musik seine Leidenschaft für die Fotografie entdeckt, und so legt er auf die bühnentechnische Umsetzung seiner Konzerte sehr viel Wert, was sie durchaus positiv vom teils doch recht einfallslosen Licht- und Lasergewitter anderer Acts unterscheidet. Vielleicht kommt daher auch seine Affinität zum Film – 1991 wurde sein Song „(Everything I Do) I Do It For You" aus dem *Kevin-Costner*-Film „Robin Hood – König der Diebe" mit einem Grammy für die beste Filmmusik ausgezeichnet – der Song führte die britischen Charts knapp vier Monate lang ohne Unterbrechung an – das hatte vor *Bryan Adams* noch niemand geschafft. Ähnlich erfolgreich dann 1993 seine Zusammenarbeit mit *Sting* und *Rod Stewart* für die stadiontaugliche Ballade „All For One", absolut passend zum Hollywood-Streifen „Die drei Musketiere" – den Titel gibt es zum Abschluss des *Bryan-Adams*-Teils dieser LiveRillen-Sendung dann auch noch, versprochen. Hier zunächst, ebenfalls vom 1996er Konzert im Londoner *Wembley*: „(Everything I Do) I Do It For You" und im Anschluss mit „Run To You" ein weiterer seiner großen Erfolge.

Bryan Adams: (Everything I Do) I Do It For You / Run To You

Als Fotograf hat es *Bryan Adams* inzwischen zu Popularität und Anerkennung gebracht – die Queen darf nun mal nicht jeder einfach so ablichten – er schon, und auch Kolleginnen und Kollegen wie *Harry Belafonte, Joss Stone, Annie Lennox, Amy Winehouse, Rod Stewart* und *Mick Jagger* stellten sich ihm gern vor die Linse. Nicht unterschlagen werden soll das soziale und politische Engagement des Rockstars: 2010 bis 2013 entstand der fotografische Zyklus „Wounded – The Legacy of War" mit Porträts junger britischer Soldatinnen und Soldaten, die schwer kriegsversehrt aus dem Irak oder Afghanistan heimgekehrt waren. Die Ausstellung war zunächst mehrfach in Deutschland zu sehen, bevor sie nach zwei Jahren dann endlich auch in *Good Old England* gezeigt werden durfte.
Zudem hat *Bryan Adams* an etlichen Benefiz-Konzerten teilgenommen und immer wieder auch Konzerteinnahmen an Hilfsorganisationen gespendet. Als bekennender Veganer engagiert er sich unter anderem für die Tierschutzorganisation PETA.

Das wäre dann schon eine gute Überleitung zum zweiten Thema der heutigen LiveRillen – zuvor aber noch zwei der großen *Bryan-Adams*-Erfolge aus den 1980er Jahren: „It's Only Love" – wie im Original als Duett mit Tina Turner bei einem ihrer Konzerte der 87/88er Tour mitgeschnitten und 1988 auf „Tina Live In Europe" veröffentlicht. An der Lead-Gitarre bei diesem Konzert übrigens *Laurie Wisefield*, den man ansonsten ja von *Wishbone Ash* kennt.
Anschließend der *Bryan-Adams*-Song, den wahrscheinlich jeder kennt und mitsingen kann, wie man gleich hören wird: „Summer Of 69", noch einmal vom Konzertalbum „Live At Wembley 1996", und gleich drangehängt wie angekündigt der Film-Hit „All For One", hier allerdings dann ohne *Sting* und *Rod Stewart*. Und damit schon mal vorab alles Gute zum anstehenden 60. Geburtstag – *Bryan Adams!*

Tina Turner: It's Only Love / Bryan Adams: Sommer Of 69 / All For One

Vom erwähnten sozialen und politischen Engagement des smarten Kanadiers gelingt der Übergang zum zweiten Teil der LiveRillen nun problemlos: Ich will erinnern an ein bedeutendes Benefiz-Konzert, das vor 40 Jahren Ende 1979 an vier Tagen im Londoner *Hammersmith Odeon* über die Bühne ging.

Anlass war die katastrophale Lage im von einem verheerenden Bürgerkrieg zerrütteten Kambodscha. Seit 1975 hatten die Roten Khmer dort eine maoistische Diktatur errichtet, die auf Abschottung nach außen und Terror nach innen aufgebaut war.

Ziel war ein urkommunistischer Agrarstaat: Stadtbewohner wurden aufs Land vertrieben, Familien aufgeteilt in landwirtschaftliche Arbeitsbrigaden, Zwangsehen eingeführt, schon für Kinder gab es eine ideologisch-politische Erziehung, allen Kambodschanern wurden einheitliche Kleidung und ein einheitlicher Haarschnitt verordnet. Damit isolierte sich das Land selbst von engsten Verbündeten wie der Demokratischen Republik Vietnam oder der Sowjetunion. Nach internationalen Schätzungen fielen zwei bis drei Millionen Kambodschaner der Schreckensherrschaft der Roten Khmer zum Opfer.

1979 war dann die vietnamesische Armee nach mehreren Überfällen der Roten Khmer auf Grenzdörfer in Kambodscha einmarschiert und hatte das Land besetzt. Die Roten Khmer flüchteten in unwegsame Dschungel-Regionen und setzten ihren Terror von dort aus fort – der Guerilla-Krieg dauerte noch rund zehn Jahre an.

In dieser Situation forderte der damalige Generalsekretär der Vereinten Nationen, der Österreicher *Kurt Waldheim*, der später als österreichischer Bundespräsident über seine NS-Vergangenheit stolpern sollte, internationale Solidarität mit dem Volk von Kambodscha. Das traf auf die offenen Ohren von *Sir Paul McCartney*, und der Ex-Beatle nutzte seine ausgezeichneten Kontakte in die Szene zur Zusammenstellung einer illustren Musikerschar für dieses Benefiz, das dann schließlich vom 26. bis zum 29. Dezember 1979 in London stattfand.

Los gings am 26. mit den damals gerade zu Superstars aufsteigenden *Queen* um ihren charismatischen Sänger *Freddy Mercury*. Die hören wir jetzt mit „Now I'm Here" aus der Feder des Queen-Gitarristen *Brian May* von der Doppel-LP „Concerts For The People Of Kampuchea".

Queen: Now I'm Here

Paul McCartney als Organisator hatte aber nicht nur gestandene Acts aus dem Mainstream-Rock angesprochen, sondern auch Bands aus der seinerzeit noch jungen New-Wave-Szene, und auch sie waren dem Aufruf des Ex-Beatles gern gefolgt. So wurde der zweite Festival-Tag ausschließlich von Wave-Bands bestritten – wir hören hier zwei am Stück.

Zunächst *The Clash*, die 1976 in London gegründete Punkwave-Band um den Sänger und Gitarristen *Joe Strummer*, die gerade ihr erfolgreiches Doppelalbum „London Calling" veröffentlicht hatten. Als B-Seite der gleichnamigen Single-Auskopplung hatten *The Clash* einen Song des jamaikanischen Reggae-Musikers *Willie Williams*, auch bekannt als *Armagideon Man*, aufgenommen: „Armagideon Time". Und den haben *The Clash* auch beim Kambodscha-Benefiz im Dezember 1979 gespielt, wie gleich zu hören sein wird.

Danach dann *Ian Dury & The Blockheads* mit "Hit Me With Your Rhythm Stick", ein Jahr zuvor als Single erschienen. Hier sind *The Clash* und *Ian Dury*, der im Jahr 2000 mit nur 58 Jahren verstorben ist.

The Clash: Armagideon Time / Ian Dury: Hit Me With Your Rhythm Stick

Den dritten Festival-Tag des viertägigen Großereignisses eröffneten die *Pretenders*, eine New-Wave-Band um die Sängerin und Gitarristin *Crissie Hynde*. Die 1978 gegründete Band stand damals noch ganz am Anfang ihrer Karriere, die großen Hits der *Pretenders* folgten dann ab den frühen 1980er Jahren und führten sie 2005 sogar in die *Rock and Roll Hall of Fame*.
Auf dem Doppelalbum des Kambodscha-Benefiz-Konzertes sind die *Pretenders* mit drei Stücken vertreten – ich habe für die Sendung „Tattooed Love Boys" – geschrieben von *Crissie Hynde* – ausgewählt.

Danach standen *The Specials* auf der Bühne des *Odeon*, auch bekannt als *Special AKA*. Die 1977 in Coventry gegründete Gruppe hatte sich dem Ska-Revival verschrieben und landete um 1980 herum einige veritable Hits. Gleich nach *Crissie Hynde* und den *Pretenders* hören wir die *Specials* mit ihrer Version des bissig-ironischen „Monkey Man", einem Reggae-Song des jamaikanischen Gitarristen und Sängers *Toots Hibbert*, der in den frühen 1960er Jahren mit seiner Gruppe *Toots & The Maytals* in seiner Heimat außerordentlich populär war und bis heute den jamaikanischen Chart-Rekord mit 31 Nummer-Eins-Singles hält.

Zunächst also die *Pretenders* mit „Tattooed Love Boys", danach die *Specials* mit „Monkey Man".

Pretenders: Tattooed Love Boys
The Specials: Monkey Man

Ein Höhepunkt des stilistisch vielfältig besetzten Konzertreigens war zweifellos der Auftritt von *The Who*, die am dritten Abend – dem 28. Dezember 1979 – als Headliner spielten. Die *Woodstock*-erfahrenen Recken um *Pete Townshend, Roger Daltrey* und *John Entwistle* – Schlagzeuger *Keith Moon* war im September 1978 an den Folgen seiner Alkoholsucht verstorben – hatten inzwischen *Kenney Jones*, der früher bei den *Small Faces* getrommelt hatte, als Ersatz verpflichtet und waren mit ihm 1979/80 gerade auf einer umjubelten Welttour. Die Anfrage von *Paul McCartney* zur Mitwirkung am Benefiz-Konzert für Kambodscha kam ihnen da zweifellos ganz recht, um zu zeigen, dass sie auch nach dem Verlust eines der weltbesten Drummer durchaus noch ganz vorn mithalten konnten.
Gleich vier Stücke ihres grandiosen Auftritts im Odeon sind auf dem Doppelalbum enthalten, und da war es wirklich schwer, eine Entscheidung zu treffen. Die ist schließlich auf „Baba O'Riley" und das weniger bekannte „Sister Disco" gefallen – aufgenommen bei den *Concerts for the People of Kampuchea* Ende Dezember 1979 – hier sind *The Who* mit einem zwanzigminütigen Ausschnitt ihres Beitrags zum Benefiz-Konzert für Kambodscha vor vierzig Jahren im Londoner *Hammersmith Odeon.*

**The Who: Baba O'Riley /
Sister Disco**

Der vierte und damit Abschlussabend des Benefizkonzerts wurde durch *Elvis Costello* eröffnet. Er zählt – inzwischen 65 Jahre alt – bis heute zu den originellsten britischen Songpoeten; etliche Vergleiche unter anderem mit *Randy Newman, Bob Dylan, Buddy Holly* oder *John Lennon* wurden schon gezogen.
Begonnen hatte der Spross einer musikalischen Familie dereinst mit Folk, aber als Mittzwanziger war er längst von Punk und New Wave inspiriert und eine ihrer geistreichsten Stimmen geworden. Wir hören ihn hier beim Konzert für Kambodscha mit seiner Band *The Attractions* und dem Stück „The Imposter" – der Betrüger.

Danach spielten *Rockpile*, die dem Rockabilly nahestehende Band um die Gitarristen *Dave Edmunds* und *Billy Bremner* sowie den Bassisten und Songwriter *Nick Lowe*, komplettiert durch *Terry Williams* am Schlagzeug, der zuvor unter anderem bei *Man* gespielt hatte und später zeitweise auch bei den *Dire Straits* trommelte.

Von *Rockpile* zwei Titel – zunächst krabbeln sie aus dem Wrack: „Crawling From The Wrackage", und danach holen sie sich als *special guest* keinen Geringeren als *Led-Zeppelin*-Sänger *Robert Plant* ans Mikrofon – gemeinsam spielen sie die alte *Elvis-Presley*-Nummer „Little Sister".

Elvis Costello: The Imposter
Rockpile: Crawling From The Wrackage / Little Sister

Auch nach dem Einmarsch vietnamesischer Truppen und der Vertreibung der Roten Khmer 1979 war das leidgeplagte Volk von Kambodscha zum Spielball internationaler Interessen geworden: Die UNO erkannte auf Druck der USA die Übergangsregierung nicht an, noch immer gab es Guerilla-Kämpfe im Grenzgebiet zu Thailand, und auch die Sowjetunion als Verbündeter Vietnams mischte mittelbar kräftig mit. Darunter zu leiden hatte vor allem die hungernde Zivilbevölkerung – nicht zuletzt deshalb hatte *Paul McCartney* dieses viertägige Benefizkonzert auf die Beine bzw. die Bühne gestellt.

Der Ex-Beatle bestritt dann auch den Schlusspart des Konzertes mit seinen *Wings*, für die es das letzte Livekonzert überhaupt wurde. Im Sommer 79 war noch das Studioalbum „Back To The Egg" erschienen, die Single „Coming Up" war der letzte Nummer-Eins-Hit der Band.
Wie stets bei *Wings*-Konzerten spielte *McCartney* auch eine Reihe alter Beatles-Nummern, wir hören „Got To Get You Into My Life". Danach „Every Night" von den *Wings* und schließlich noch ihre erwähnte Hitsingle „Coming Up".

Wings: Got To Get You Into My Life / Every Night / Coming Up

Den absoluten Schlusspunkt des viertägigen Konzertmarathons setzte aber eine vom Cheforganisator *Sir Paul McCartney* höchstselbst ins Leben gerufene Supergroup namens *Rockestra*, die sich aus rund 30 britischen Musikern zusammensetzte, darunter *John Bonham* und *John Paul Jones* von *Led Zeppelin*, *Gary Brooker* von *Procol Harum*, *Pink-Floyd*-Gitarrist *David Gilmour*, *Ronnie Lane (ex Small Faces)* und natürlich *Linda McCartney*.

Ihr „Let It Be" wurde zur Abschlusshymne des Benefiz-Konzertes, das anschließend auf einer Doppel-LP und als Konzertfilm veröffentlicht wurde – auch diese Einnahmen gingen zum großen Teil in den UNICEF-Hilfsfond für die notleidende kambodschanische Bevölkerung ein. Danach erklingt noch das „Rockestra Theme", das McCartney für die letzte *Wings*-LP komponiert hatte.

Damit endet diese LiveRille – in der nächsten im Dezember wird wiederum heftig gratuliert, denn *Tom Waits* und *Paul Rodgers* werden im Dezember 70 Jahre alt. Und natürlich wird auch der 75. Geburtstag von *Alvin Lee* gewürdigt, auch wenn der *Ten-Years-After*-Mastermind diesen nicht mehr erleben kann.

Hier zum Ausklang noch „Let It Be" in der Konzertfassung von *Rockestra*, live aus dem Londoner Odeon vor nunmehr 40 Jahren.

Rockestra: Let It Be / Rockestra Theme

Quellen:

- ➢ Cream: Stepping Out, LP, Swingin' Pig Records, 1989
- ➢ Concerts for the People of Kampuchea, Do.-LP, Asylum, 1979
- ➢ Bryan Adams: Wembley 1996 Live, 3-LP-Set, ear music, 2016
- ➢ Tina Turner: Tina Live In Europe, Do.-LP, Capitol/EMI, 1988

No. 21: Tom Waits / Paul Rogers / Alvin Lee
50 Jahre Hydepark & Altamont
Dezember 2019

Die letzte LiveRillen-Ausgabe dieses Jahres ist prall gefüllt – drei runde Geburtstage gilt es zu würdigen und eines Ereignisses zu gedenken, das vor genau 50 Jahren die Rockwelt erschütterte und das Ende des 69er *Summers of Love* auf dramatische Weise verdeutlichte – das FreeConcert der *Rolling Stones* in Altamont. Losgehen soll es in dieser Sendung aber noch ein halbes Jahr früher. Kurz zum Hintergrund: Das Jahr 69 war für die *Stones* ein ziemliches Krisenjahr gewesen – *Brian Jones* war aufgrund seiner Drogensucht untragbar geworden: seine beiden Verurteilungen wegen Drogenmissbrauchs bedeuteten, dass die *Stones* mit ihm keine Einreise zu einer geplanten US-Tournee erhalten würden. Also war die Trennung unausweichlich, die im Frühsommer des Jahres – übrigens mit moderierender Unterstützung von *Alexis Korner* – vollzogen wurde.
Als Ersatz holten *Jagger, Richards* & Co. den jungen, aber hochtalentierten Bluesgitarristen *Mick Taylor* ins Boot, der bereits mit 17 Jahren bei *John Mayall's Blues Breakers* eingestiegen war. Nun, mit 20, landete er – für sich selbst wohl ein wenig überraschend – bei den *Stones*, die gerade an „Let It Bleed" arbeiteten. Zudem hatte *Jagger*, nachdem er das Debütkonzert der neuen Supergroup *Blind Faith* mit *Eric Clapton* und *Steve Winwood* im *Hyde Park* miterlebt hatte, selbst ein derartiges FreeConcert angebahnt, das am 5. Juli 1969 ebendort steigen sollte. Für *Mick Taylor* also ein Sprung ins kalte Wasser. Doch der eigentliche Schock kam bereits am 3. Juli – der Tod von *Brian Jones*, ersoffen im Swimmingpool seiner *Cotchford-Farm*.
Ungeplant wurde das *Stones*-Konzert im *Hyde Park* zwei Tage später also auch zum Gedenkkonzert für den Bandmitbegründer *Brian Jones* – sein Tod mit nur 27 Jahren eröffnete jenen legendären *Club 27*, dem in Kürze noch *Jimi Hendrix, Janis Joplin* und *Jim Morrison* beitreten sollten (siehe LiveRillen No. 1, S. 48ff). Nachdem Konzertpromoter *Sam Cutler* die *Stones* erstmals als „The Greatest Rock'n'Roll-Band in the World" angekündigt hatte, erinnerte *Mick Jagger* einleitend an den einstigen *Stones*-Kumpel und trug zum Andenken ein Gedicht des 1822 vor Italien ertrunkenen englischen Dichters *Percy B. Shelley* vor, dazu wurden Tausende weiße Schmetterlinge in den Sommerhimmel entlassen. Dann begann der erste gemeinsame Auftritt mit *Mick Taylor* als Sideman von *Keith Richards*. Das Konzert selbst ist 1989 als Bootleg auf dem einschlägig bekannten Luxemburger Label *Swingin' Pig Records* veröffentlicht worden – ich sag's gleich: Die Qualität des Mitschnitts ist lausig, aber der dokumentarische Wert ist zweifellos hoch einzuschätzen. Und auch die *Stones* selbst sollen in diesem Konzert „lausig" gespielt haben, wie ein aktueller Artikel der Musikzeitschrift „Good Times" zu

berichten weiß. Dennoch als Einstieg in diese Sendung ein kurzer Ausschnitt aus diesem legendären Konzert im Londoner *Hyde Park* – die Elegie für *Brian Jones*

von *Mick Jagger* sowie „I'm Yours, She's Mine", eine *Johnny-Winter*-Komposition, die soeben in der Version des Kanadiers *Pat Travers* veröffentlicht worden war – an der Slidegitarre *Mick Taylor*. Und wie gesagt – euer Radio ist nicht defekt – es ist die Qualität des Mitschnitts, die wir jetzt gemeinsam ertragen werden.

Stones: Hyde Park 1969

Der weitere Verlauf des Jahres 69 war ja gekennzeichnet durch die großen Festivals in den USA und Kanada – Höhepunkt natürlich Mitte August die drei Tage von *Woodstock* – alle diese Festivals ohne Teilnahme der *Rolling Stones*, die einerseits mit der Fertigstellung ihrer neuen LP „Let It Bleed", andererseits wohl auch mit Selbst- und Neufindung beschäftigt waren. Immerhin war schon Anfang Juli mit „Honky Tonk Woman" eine der erfolgreichsten *Stones*-Singles überhaupt erschienen, auf der Rückseite „You Can't Always Get What You Want". Und auch „Let It Bleed" selbst, in Großbritannien und Europa gestern vor 50 Jahren auf den Markt geworfen, enthielt mit „Midnight Rambler" und dem grandiosen „Gimme Shelter" zwei zukünftige *Stones*-Klassiker, die bis heute bei keinem Konzert der Band fehlen dürfen. Im Studio damals übernahm übrigens *Mary Clayton* den furiosen weiblichen Vokalpart bei „Gimme Shelter", diesem existenziellen Schrei nach Geborgenheit, einem Obdach, einem Zuhause. Nicht umsonst war auf dem Plattencover vermerkt: *"This Record Should Be Played Loud!"*

Die US-Tour der *Stones* im November 1969 mit 20 umjubelten Shows und Einnahmen von rund 2 Millionen Dollar sollte dann ihren Abschluss finden in einem kurzfristig anberaumten *FreeConcert* im kalifornischen *Altamont*, terminiert für den 6. Dezember. Mit dabei unter anderem *Grateful Dead*, und als Ordnungstruppe angeheuert die Rocker des Hell's-Angels-Biker-Clubs. Das sollte sich im Laufe des Abends als gravierender Fehler herausstellen – schon bei den Vorbands gab es tätliche Auseinandersetzungen, und als die *Stones* endlich per Hubschrauber eingeflogen waren und auf die Bühne kamen, kochte es bereits im Publikum. Einer überlebte die Tumulte nicht: *Meredith Hunter*, ein junger Schwarzer, wurde von einem Hells Angel niedergestochen und starb noch in der Arena. Angeblich soll er zuvor mit einem Revolver herumgefuchtelt haben – die genauen Umstände konnten nie geklärt werden, obwohl das gesamte Konzert ja für einen Tourfilm aufgezeichnet worden ist.

Ein späterer Prozess gegen ein Mitglied der Hells Angels erbrachte aus Mangel an Beweisen keine Verurteilung. Aber an diesem Abend starb wohl auch der Traum vom *Summer of Love* des Jahres 1969.

Das Ganze passierte, während die *Stones* „Sympathy for the Devil" spielten, oder es zumindest versuchten. Immer wieder unterbrachen sie, *Jagger* versuchte zaghaft, die Massen zu beruhigen, *Keith Richards* legte sich mit einigen der Ordner auf der Bühne an und *Mick Taylor* und *Bill Wyman* improvisierten zwischendurch einen langsamen Blues, um den Druck aus der Situation zu nehmen. Alles vergebens, wie sich später herausstellte.

Ich erinnere mich gut daran, wie die DDR-Medien das tragische Ereignis ausschlachteten – die Tageszeitung *Junge Welt* brachte unter der Überschrift „Mit der Musik kam die Gewalt" einen vernichtenden Artikel über die menschenverachtende Dekadenz westlicher Musik, und die Elterngeneration weltweit, gerade durch die 68er Ereignisse stark verunsichert, sah sich in ihrem Urteil über die rohe, aggressive Jugend mal wieder bestätigt. Den *Stones* wurde hinterher vorgeworfen, dass sie das Konzert nicht abgebrochen hätten – *Mick Taylor* sagte dazu später: „Wir wussten, dass es, wenn wir aufhören würden, wirklich zu einem Aufstand kommen würde".

Das Konzert von *Altamont* ist ebenfalls auf dem Bootleg-Label *Swingin' Pig Records* erschienen unter dem sprechenden Motto „There's No Angel Born In Hell".

Die Qualität des Mitschnitts ist ebenfalls bescheiden, aber die bedrohliche Atmosphäre dieses singulären Ereignisses wird unmittelbar nacherlebbar. Deshalb hier „Sympathy For The Devil" vom tragisch endenden Konzert in *Altamont*, heute genau vor 50 Jahren.

Rolling Stones / Altamont: Sympathy For The Devil

Nun aber zu erfreulicheren Dingen in den Dezember-LiveRillen hier auf Radio Corax: *Tom Waits* wird 70! Am 7. Dezember 1949 im kalifornischen Pomona geboren, ist der Sänger, Gitarrist, Keyboarder und Songschreiber ein ziemlich singuläres Phänomen in der populären Musikszene seit den 1970er Jahren. Seine Titel lassen sich stilistisch kaum zuordnen, verschmelzen häufig Rock- und Jazzelemente mit Chanson-Versatzstücken, dazu ein paar *Kurt-Weill*-Einsprengsel und balladesker Sprechgesang.

An Etiketten ist der ironische Melancholiker keineswegs arm – die Musikmedien nannten ihn den „besten Freund der Schlaflosigkeit" oder das personifizierte „Beatnik-Revival", den „Orson Welles des lyrischen Wortspiels", dessen Stimme klinge, als „hätten Ozeane von billigem Fusel an ihm genagt". Dass daraus keine Hitparadenmusik entstehen konnte, liegt auf der Hand – umso begeisterter nahmen Kritiker und Fans seine seit 1973 erscheinenden Plattenproduktionen auf. Aber *Tom Waits* ist ja noch mehr – er ist ein durchaus erfolgreicher Schauspieler, zu sehen unter anderem in Filmen wie „Bram Stoker's Dracula", „Short Cuts" oder „Down By Law". Und er hat sich als Stückeschreiber versucht – das Musical „Frank's Wild Years", auch als Platte erschienen, wurde 1986 in Chicago uraufgeführt und bildete die Grundlage für eine szenische Bühnenrevue, mit der *Waits* im Folgejahr tourte und die zum 1988 erschienenen Live-Album „Big Time" führte, das ich jetzt als kleine Gratulation für den morgen 70Jährigen auf den

Plattenteller gelegt habe – es ist quasi der Soundtrack eines Films, der über diese Revue entstanden ist. Aus „Big Time" nun drei Titel am Stück: „Telephone Call From Istanbul", „Gun Street Girl" und "Time". Und das sind zwölf musikalisch ganz unterschiedliche Minuten von und mit *Tom Waits* – live!

Tom Waits: Telephone Call From Istanbul / Gun Street Girl / Time

Tom Waits vor gut dreißig Jahren – nun wird der Künstler mit den vielen Facetten siebzig Jahre alt – Gratulation!

Gratulieren würde man gern auch *Alvin Lee*, dem Hexer auf den sechs Saiten, doch der Mastermind der legendären *Ten Years After* ist ja 2013 überraschend verstorben – der damals in Südspanien lebende Gitarrist hatte eine eigentlich ungefährliche Operation nicht überstanden. Immerhin bietet sein am 19. Dezember anstehender 75. Geburtstag zumindest Gelegenheit zum musikalischen Gedenken an einen der größten Rock- und Bluesgitarristen aller Zeiten. Daran soll auch die heutige LiveRillen-Ausgabe nicht vorübergehen!

Ich habe bewusst keine der zahlreichen *Ten-Years-After*-Liveplatten ausgesucht, um nicht zum x-ten Male Standards wie „I'm going Home", „Good Morning Little Schoolgirl" oder „Love Like A Man" zu spielen. In meinem Regal findet sich nämlich mit dem 1974 auf Chrysalis erschienenen Doppelalbum „In Flight" eine echte Perle, die ich aus Anlass dieses runden Geburtstages gern ein wenig glänzen lassen möchte. Rasch zur Vorgeschichte.

1967 waren *Ten Years After* beim *National Jazz And Blues Festival* in Windsor noch der Überraschungs-Act gewesen, zwei Jahre später beim *Woodstock*-Festival zählten sie bereits zu den etablierten Bands, doch schon im Jahr 1973 schrieb der *Melody Maker*, es sei höchste Zeit für eine Veränderung.

Die vollzog *Alvin Lee* folgerichtig und scharte für sein nächstes Projekt eine illustre Musikerriege um sich, mit der er 1974 auf Tour ging. Das Konzert von *Alvin Lee & Co.* im Londoner *Rainbow Theatre* wurde für ein Doppelalbum mitgeschnitten und zeigt den noch nicht ganz 30jährigen Gitarristen gereift und mit einer ungewohnten stilistischen Vielfalt, ohne dass er seine Herkunft vom Blues verleugnen würde.

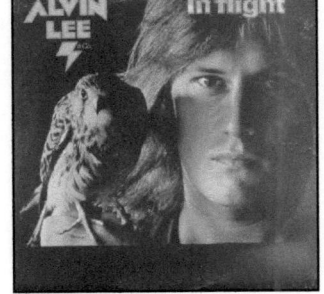

Gleich noch ein paar Worte zu seiner Band – hier zunächst Musik aus diesem großartigen Konzert: „Every Blues You've Ever Heard" sowie „All Life's Trials" – beide aus der Feder von *Alvin Lee* höchstselbst.

Alvin Lee: Every Blues You've Ever Heard / All Life's Trials

„All Life's Trials" – die Herausforderungen des Lebens – ja, tatsächlich: Auch so klingt *Alvin Lee*, den viele wohl nur als *den* Bluesrock-Gitarristen von *Ten Years After* kennen. Aber – er konnte durchaus auch anders, wie man auf dem Album „In Flight" hören kann.

An der Flöte eben zugange war *Mel Collins*, der als Saxofonist unter anderem Mitglied von *King Crimson* und *Camel* war und mit zahlreichen Künstlern bei Plattenaufnahmen und live zusammengespielt hat – unter anderem mit *Eric Burdon*, *Roger Chapman*, *Alexis Korner*, den *Rolling Stones*, *Tina Turner*, *Uriah Heep* oder *Bad Company* (Achtung – von denen gibt's aus gegebenem Anlass noch was in dieser Sendung zu hören!), und auch für *Tom Waits*, den wir gerade gewürdigt haben, hat *Mel Collins* sein Gebläse eingesetzt.

Außer ihm war bei *Alvin Lees* In-Flight-Tour im Jahr '74 auch der Gitarrist *Neil Hubbard* von der britischen Bluesrock-Band *Juicy Lucy* dabei, dazu der Bassist *Alan Spenner*, der unter anderem bei *Peter Frampton* und *Spooky Tooth* gespielt hatte, *King-Crimson*-Schlagzeuger *Ian Wallace* sowie *Tim Hinkley*, der als gefragter Session-Pianist die Tasten für *Steve Marriott*, *Al Stewart*, *Roger Chapman*, *Humble Pie* oder *Alexis Korner* gedrückt hatte – eine illustre Meute also, zudem verstärkt durch ein Background-Trio.

In den Dezember-LiveRillen nun noch zwei Stücke von *Alvin Lee & Co.* aus dem Livealbum „In Flight" von 1974 – „There's A Feeling" und „Running Round" – wiederum Text und Musik von *Alvin Lee*, der am 19. Dezember dieses Jahres seinen 75. Geburtstag feiern könnte, hätte sich nicht bereits 2013 die Musiker-Heavens-Door für ihn geöffnet…

Alvin Lee: There's A Feeling / Running Round

Am 19. Dezember (2019) werden wir des 2013 verstorbenen Gitarristen und Sängers gedenken – es wäre sein 75. Geburtstag.

Höchst lebendig ist erfreulicherweise das dritte Geburtstagskind des Monats, das  am 17. Dezember seinen 70. feiern wird: *Paul Rodgers*, die Stimme von *Free*, *Bad Company* und – zeitweise – sogar von *Queen*! Wie es dazu kam, klären wir später – hier hören wir zunächst seine unverkennbare Bluesrock-Stimme in dem unverwüstlichen *Free*-Klassiker schlechthin: „All Right Now" aus dem regulären, 1971 erschienenen Live-Album der Band, die Ende der 1960er Jahre zu den Miterfindern des bluesverwurzelten Hardrock gehörte.

Free: All Right Now

Geburtshelfer für *Free* war im Jahr 1968 *Alexis Korner* gewesen; die Band entstand aus seinen damaligen Begleitmusikern, als da sind *Paul Kossoff* an der Gitarre, *Andy Fraser* am Bass, *Simon Kirke* am Schlagzeug und eben *Paul Rodgers* am Mikrofon. Erste Sporen verdienten sich *Free* noch 1969 als Vorgruppe einer *Blind-Faith*-Tournee durch die USA, ehe ihnen bereits die ersten Platten mit Hits wie „All Right Now", „Fire And Water" oder „Ride On A Pony" einen Platz im Rock-Olymp sicherten. Zeitweise wurden *Free* gar als Nachfolger der schwächelnden *Rolling Stones* gehandelt – insbesondere ihre kraftvoll-effektive, dabei schwerlastende Midtempo-Musizierweise gefiel – da war kein Ton zu viel, es gab

 keine Effekthascherei, *Free* zielten sozusagen geradewegs ins Herz der Bluesrock-Gemeinde.

Hier die eben genannten Titel „Fire And Water" sowie „Ride On A Pony" am Stück, beide mitgeschnitten am 12. Dezember 1970, vor 49 Jahren also, im *Radiohuset Stockholm* und erst 2015 erstmals auf Vinyl veröffentlicht – hier sind *Free* mit ihrem Frontmann *Paul Rodgers*.

Free: Fire And Water / Ride On A Pony

Leider war die kurze Bandgeschichte von *Free* nach mehreren ziemlich aufreibenden Tourneen sowie einigen Umbesetzungen 1973 bereits wieder beendet.

Paul Rodgers gründete im Frühjahr 1974
gemeinsam mit dem *Free*-Schlagzeuger *Simon Kirke*
die Gruppe *Bad Company* und konnte damit
nahtlos an die großen Erfolge von *Free*
anknüpfen: Immer noch hochenergetischer Rock,
insgesamt aber abwechslungsreicher und
differenzierter, auch dank der neuen Mitstreiter
Boz Burell am Bass, der zuvor bei *King Crimson*
gespielt hatte, und dem Gitarristen *Mick Ralphs*,
der von *Mott The Hoople* kam. Und schon zu dieser

Zeit schwärmte die Musikzeitschrift „Rolling Stone" von *Paul Rodgers* als einem der
größten Rocksänger der Dekade! Der profilierte sich nunmehr neben den
straighten Rocknummern auch durch die Interpretation gefühlvoller Balladen,
sodass neben Schüttelmähnen im Publikum nun auch die Feuerzeuge zu ihrem
Recht kamen. Dabei verhinderte das raue Organ von *Rodgers* zum Glück jeglichen
Schmalzansatz im Ohr der Zuhörerschaft.
Zwei Titel, 1977 bei einer US-Tour von *Bad Company* in Houston/Texas
mitgeschnitten und 2016 bei Rhino als Doppelalbum veröffentlicht, sollen dies
belegen – zunächst „Man Needs Woman", danach mit „Feel Like Makin' Love"
einer der größten *Bad-Company*-Erfolge überhaupt – beide Titel übrigens
geschrieben vom Sänger *Paul Rodgers*, der sich inzwischen also auch als
Songschreiber und an der zweiten Gitarre etabliert hatte.

Bad Company: Man Needs Woman / Feel Like Makin' Love

Bad Company gibt es mit einigen Unterbrechungen und Umbesetzungen übrigens
bis heute – als *Paul Rodgers* sich zeitweise seinen Solo-Projekten widmete, sang der
US-Amerikaner *Brian Howe*, zuvor mit *Ted Nugent* im Hardrock-Segment
unterwegs, und als Gitarrist ersetzte *Geoffrey Whitehorn*, der schon mit *Procol Harum*
oder *Roger Chapman* gespielt hatte, für einige Jahre den tourmüden *Mick Ralphs*.
2009 wurde ein Solokonzert von *Paul Rodgers* mit Band, über deren
Zusammensetzung das Cover leider nichts verrät,
im Londoner *Hammersmith Apollo* mitgeschnitten
– eine tolle Mischung aus *Free*- und *Bad-Co*-
Klassikern mit neueren Stücken und einigen
interessanten Cover-Songs.
Aus diesem Konzert jetzt „Can't Get Enough"
aus der großen Zeit von *Bad Company*, gefolgt
vom *Jimi Hendrix*-Titel „Little Wing" – hier ist
Dezember-Geburtstagskind *Paul Rodgers*.

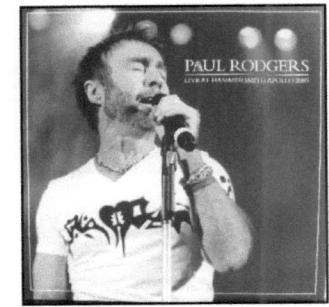

Paul Rodgers: Can't Get Enough / Little Wing

Sehr beachtlich, diese *Paul-Rodgers*-Interpretation der Vorlage von *Jimi Hendrix*.
Hoffentlich ist der nunmehr fast 70jährige *Rogers* noch lange live zu erleben.
2010 war die Originalbesetzung von *Bad Company* im Londoner *Wembley-Stadion* zu

umjubelten Konzerten zu Gast, kraftvoll und
musizierfreudig wie eh und je, das lässt hoffen.
Aus diesem Doppelalbum – 2014 für „Back On
Black" wiederveröffentlicht – hier der Titelsong
der Band sozusagen: „Bad Company",
geschrieben von *Paul Rodgers* und seinem
langjährigen Drummer *Simon Kirke*, der schon bei
Free vor 50 Jahren mit dabei war.

Bad Company: Bad Company

Zum würdigen Abschluss der Dezember-LiveRillen noch eine Erinnerung an
einen denkwürdigen Einsatz von *Paul Rodgers*, der den an Aids verstorbenen *Freddy
Mercury* für eine *Queen*-Tournee unter dem Motto „Return Of The Champions"
ersetzen durfte. Zweifellos ein Wagnis, denn Stimmumfang und -färbung von
Mercury und *Rodgers* sind doch sehr verschieden. Das Konzertprogramm bestand
dann auch nicht nur aus *Queen*-Titeln, sondern wurde durch Stücke von *Free* und
Bad Company ergänzt. Immerhin funktionierte diese Mischung erstaunlich gut, und
so erbrachte die Tour ein opulentes Set mit drei Live-Scheiben, die im Mai 2005 in
Sheffield mitgeschnitten wurden.
Daraus zum Schluss der *Queen*-Klassiker „I Want To Break Free" mit *Brian May* an
der Gitarre und *Paul Rodgers* am Mikrofon.

Das waren die LiveRillen im Dezember – die
nächste Ausgabe im Januar 2020 wird im ersten
Teil den deutschen Hardrock-Gitarristen *Michael
Schenker* würdigen und im zweiten Teil den
australischen Singer/Songwriter *Paul Kelly* – beide
können demnächst ihren 65. Geburtstag feiern.

Queen & Paul Rodgers: I Want To Break Free

Quellen:

- Bad Company: Burnin' Through America Tour 1977, Do.-LP, Rhino, 2016
- Bad Company: Live At Wembley, Do.-LP, Eagle/Back On Black, 2014
- Free: Live in Stockholm 1970, Do.-LP, Bahrein Multimedia Company, 2015
- Free: Live, LP, Island Records, 1971
- Alvin Lee & Co.: In Flight, Do.-LP, Chrysalis, 1974
- Queen + Paul Rodgers: Return Of The Champions, 3-LP-Set, EMI/Capitol, 2005
- Paul Rodgers: Live At Hammersmith Apollo 2009, Do.-LP, BoB, 2015
- The Rolling Stones: Hyde Park 1969, Do.-LP, Swingin' Pig Records, 1989
- The Rolling Stones: There's No Angel Born In Hell (Altamont, Dec. 6, 1969), LP, Swingin' Pig Records, 1989
- Tom Waits: Big Time, LP, Island, 1988

No. 22:   Michael Schenker und Paul Kelly

Januar 2020

Die erste Sendung des neuen Jahres gratuliert zwei herausragenden Musikern zum Geburtstag, der für beide in wenigen Tagen ansteht, und beide werden 65 Jahre alt. Da enden dann aber auch schon die Gemeinsamkeiten zwischen *Michael Schenker*, dem weltweit wohl bekanntesten Rockgitarristen aus Germany, und dem australischen Singer/Songwriter *Paul Kelly*.

Zunächst zu *Michael Schenker*. Am 10. Januar 1955 im niedersächsischen Sarstedt geboren, scheint ihm die Gitarre tatsächlich schon in die Wiege gelegt: Sein sieben Jahre älterer Bruder *Rudolf Schenker*, später von Beginn an Gitarrist der *Scorpions*, macht den Jüngeren offenbar früh mit den sechs Saiten vertraut, sodass *Michael* bereits mit 11 Jahren seine erste Band gründet. Gemeinsam mit dem Sänger *Klaus Meine* steigt er dann mit 14 Jahren bei den 1965 in Hannover gegründeten *Scorpions* ein, das war 1969. Und auch wenn er diese mit 18 Jahren schon wieder verlässt, hat er doch Spuren bei der bekanntesten deutschen Hardrock-Band hinterlassen, die bis heute nachwirken – nicht zuletzt durch seine Kompositionen, die sich von Beginn an durch eine stimmige Mischung aus griffigen Hook-Lines und einem packenden Groove, der in Bauch und Beine fährt, auszeichnen.

Steigen wir deshalb ein in die *Michael-Schenker*-Hommage mit einer Live-Aufnahme der *Scorpions* – allerdings zu einem Zeitpunkt entstanden, da *Michael* bereits wieder ausgestiegen und auf dem Sprung in die internationale Karriere war: Auf dem Live-Album „Tokyo Tapes" der Hannoveraner aus dem Jahr 1978 findet sich die *Michael-Schenker*-Komposition „Fly To The Rainbow", ein ziemlich bombastisches Stück, dramaturgisch ausgefeilt und auch ohne den Schöpfer überzeugend dargeboten. Und wenn man so will, darf man durchaus Anklänge an den seinerzeit durch *Wishbone Ash* erfundenen und populär gemachten „Twin-Guitar-Style" erkennen, also das Spiel mit zwei Leadgitarren – hier bedient von *Michaels* Bruder

Rudolf Schenker und dem etatmäßigen Scorpions-Leadgitarristen *Ulrich Roth*.

Übrigens war „Fly To The Rainbow" Titelsong der zweiten *Scorpions*-Studio-LP gewesen, die im Jahr 1974 erschienen ist – unmittelbar nach dem Ausstieg von *Michael Schenker*. Hier sind die *Scorpions* mit seinem Stück.

Scorpions: Fly To The Rainbow

Den wesentlichen Grundstein für seine weltweite Popularität hat *Michael Schenker* nach seiner Zeit bei den *Scorpions* zweifellos mit dem Einstieg bei den britischen Prog-Rockern von *UFO* gelegt. Eigentlich hatten die ihn nur gebeten, den etatmäßigen UFO-Gitarristen *Bernie Marsden* 1973 für einige Konzerte zu vertreten, da dieser kein Visum erhalten hatte. Das funktionierte offenbar so gut, dass aus dem Intermezzo dann doch eine sechsjährige Mitgliedschaft bei UFO an der Seite von Sänger *Phil Mogg, Paul Raymond* an den Keyboards, Schlagzeuger *Andy Parker* und *Pete Way* am Bass wurde. *Schenker* hatte großen musikalischen Anteil am erfolgreichsten UFO-Album überhaupt, das 1977 unter dem Titel „Lights Out" erschien und in den US-Billboard-Charts bis auf Platz 23 kletterte. Und schon 1974 hatte er zum Studioalbum „Phenomenon" den UFO-Klassiker schlechthin beigesteuert: „Doctor, Doctor" – Produzent der Scheibe war übrigens der *Ten Years After*-Bassist *Leo Lyons*. Tja, und „Doctor, Doctor" darf natürlich bei einer *Michael-Schenker*-Hommage nicht fehlen.

Beim Mitschnitt des Live-Doppelalbums „Strangers In The Night" 1979 in Chicago und Louisville präsentierte sich UFO in Bestform – hier sind zwei der bekanntesten UFO-Stücke aus *Michael Schenkers* Feder: „Only You Can Rock Me" und eben „Doctor, Doctor".

UFO: Only You Can Rock Me / Doctor, Doctor

UFO Lve im Jahr 1979 mit dem deutschen Gitarristen *Michael Schenker*, dessen gitarristisches Markenzeichen bis heute die so genannten Flying-V-Modelle im schwarz-weißen Farbdesign aus den Häusern *Gibson* und *Dean* sind – inzwischen haben ihn die US-Gitarrenbauer von *Dean* ja auch längst mit einem durchaus erschwinglichen Signature-Modell geadelt.

Seinerzeit war das musikalische Wunderkind *Michael Schenker* aber gerade mal Anfang Zwanzig, und das Jet-Set-Dasein im Rock'n'Roll-Alltag hinterließ so tiefe Spuren, dass *Michael Schenker* noch im selben Jahr aufgrund von Alkoholproblemen UFO verlassen musste.

Kurzzeitig stieg er wieder an der Seite seines Bruders *Rudolf* bei den *Scorpions* ein, die inzwischen weltweit Erfolge feierten mit ihrem ästhetisch feingeschliffenen Hardrock, der manchem hartgesottenen Metal-Fan vielleicht etwas zu glatt daherkam, aber kommerziell äußerst erfolgreich war.

Für *Michael Schenker* aber ohnehin nur eine kurze Durchgangsstation hin zur Verwirklichung seines großen Traums: Endlich einer eigenen Band, der *Michael Schenker Group* – schlicht *MSG*. Die existiert seit nunmehr 40 Jahren in allerdings häufig wechselnder Besetzung (Wikipedia listet mehr als 30 zumeist durchaus bekannte Namen auf), auch wenn beim Jubilar derzeit andere Projekte wie *Michael*

Schenker's Temple Of Rock oder die Band *Michael Schenker Fest*, die alle aktuellen und ehemaligen Sänger der *MSG* vereint, im Fokus stehen.

Bevor wir bei den heutigen LiveRillen in die *MSG*-Phase hineinhören, hier aber noch ein knapp 20minütiger *UFO*-Live-Block aus dem Jahr 1979: Zunächst eines meiner persönlichen Lieblingsstücke der Band, „I'm A Loser", danach „Mother Mary" und schließlich der UFO-Klassiker „Rock Bottom" – allesamt Kompositionen von *Michael Schenker*.

UFO: I'm A Loser / Mother Mary / Rock Bottom

Nun also der Schwenk von seiner *UFO*-Zeit zur *Michael Schenker Group*, mit der er seine persönlichen Vorstellungen von melodischem Hardrock unter Mitwirkung stets handverlesener Musikerkollegen äußerst erfolgreich umsetzen konnte. Dabei halfen ihm natürlich die durch *UFO* gesammelten weltweiten Kontakte in der Musikbranche, und so verwundert es nicht, dass bereits ein Jahr nach Bandgründung ein Live-Doppelalbum von *MSG* erschien, aufgenommen in der legendären *Budokan*-Arena in Tokyo. An der Seite des Gitarristen spielen sein alter *UFO*-Kumpel *Paul Raymond* an den Keyboards, dazu der ex-*Rainbow*-Drummer *Cozy Powell*, der auch schon mit *Jeff Beck* gearbeitet hatte und später bei *Keith Emerson* kurzzeitig *Carl Palmer* ersetzte, bevor er sich 1998 bei einem Unfall mit seiner nagelneuen Harley Davidson zunächst etliche Rippen brach und kurz danach bei einem Autounfall verstarb. Dazu gesellten sich *Chris Glen* am Bass, den es 1970 aus einer schottischen Provinzband namens *Tear Gas* in die *Sensational Alex Harvey Band* verschlagen hatte, und natürlich Sänger *Gary Barden*, den *Michael Schenker* selbst entdeckt hatte und der ihm – von gelegentlichen Solo-Ausflügen und Side-Projekten abgesehen – ja bis heute die Treue hält, so auch aktuell bei *Michael Schenker Fest*.

In seiner *MSG* entwickelte *Michael Schenker* sein bis heute funktionierendes Prinzip der Titelentstehung – er liefert die fertig ausgefeilten Kompositionen und überlässt es dem jeweiligen Sänger, sich darauf einen Reim zu machen. Und wo das nicht funktioniert, bleibt eben ein Instrumentalstück übrig, das sich nahtlos in die

Performance einfügt. Der Nachweis folgt sofort – hier sind aus dem Livealbum „One Night At Budokan" zunächst „Victim Of Illusion" mit dem Text des *MSG*-Sängers *Gary Barden* und anschließend (nachdem dieser eine ausführliche Vorstellung der Bandmusiker zelebriert hat) das *Michael-Schenker*-Instrumental „Into The Arena"… hier ist die *Michael Schenker Group* live in der japanischen *Budokan* im Jahr 1981.

MSG: Victim Of Illusion / Into The Arena

Erstaunlich, wie es der bereits in so jungen Jahren zu beachtlichem Ruhm gelangte Gitarrist geschafft hat, in seinem Metier über Jahrzehnte hinweg erfolgreich zu sein und sich auf hohem musikalischem Niveau treu zu bleiben. Die ewigen Nörgler und Kritikaster werden jetzt vielleicht einwenden, dass da im Kompositorischen kaum eine Entwicklung erkennbar sei und sich die Gitarrenriffs und Solopassagen doch im Großen und Ganzen recht ähnlich blieben. Sei's drum – mir gefällt die Gitarrenarbeit von *Michael Schenker* gerade in ihrer Mischung aus flinker und stets souveräner Virtuosität einerseits und sanglichen Melodiebögen andererseits bis heute sehr gut.

Für sein jüngstes Studioalbum „Revelation", das im Vorjahr erschien und die Metal-Fans weltweit verzückte, hatte sich *Michael Schenker* gleich fünf der bekanntesten Rockröhren ins Studio geholt: *Doogie White, Ronnie Romero* und *Graham Bonnet* – alles ehemalige oder aktuelle Mitglieder von *Ritchie Blackmore's Rainbow* – und dazu mit *Gary Barden* und *Robin McAuley* zwei Frontmänner der *Michael Schenker Group*. Im Interview mit der Zeitschrift *Gitarre & Bass* verriet *Schenker*, dass die Sänger selbst darüber entscheiden konnten, wer was singt. *„Wer als erstes aufsteht und sich meldet, bekommt den oder die gewünschten Songs"*, so *Michael Schenker*.

Am Schlagzeug bei dieser jüngsten Studioproduktion saß übrigens kein Geringerer als *Simon Philipps*, der ex-*Toto*-Drummer, der auch schon mit *Jeff Beck, Gary Moore* oder *The Who* gearbeitet hat. Der Grund dafür ist eher ein trauriger: *Ted McKenna*, langjähriger Schlagzeuger der *MSG*, der zuvor unter anderem bei *Alex Harvey* und *Rory Gallagher* getrommelt hatte, war Anfang 2019 während einer Routineoperation verstorben – sein Todestag jährt sich am 19. Januar zum ersten Mal.

Diesen kleinen Wermutstropfen müssen wir in die Gratulation zum 65. Geburtstag mischen, den *Michael Schenker* bei hoffentlich guter Gesundheit am 10. Januar begehen kann. Und wie es aussieht, wird *Michael Schenker* mit illustrer Band in diesem Jahr hierzulande auch live zu erleben sein! (Anmerkung: Zum Zeitpunkt dieser Sendung war Corona noch irgendeine Lungeninfektion im fernen China…).

Zum Abschluss meiner etwas vorfristigen Gratulation für den umtriebigen Gitarristen aus dem Nachbar-Bundesland hier noch von der 1983 im Londoner *Hammersmith Odeon* mitgeschnittenen Liveplatte „Rock Will Never Die" das furiose Instrumental „Captain Nemo" sowie die wiederum von *Gary Barden* interpretierten Nummern „Rock My Nights Away" und „Are You Ready To Rock". Knapp 12 Minuten mit der *Michael-Schenker-Group*, am Schlagzeug der vor einem Jahr verstorbene *Ted McKenna*.

MSG: Captain Nemo / Rock My Nights Away / Are You Ready To Rock

Im erwähnten Interview, das in der Septemberausgabe 2019 von *Gitarre & Bass* erschienen ist, resümiert *Michael Schenker* seinen an Höhenflügen und Durststrecken nicht eben armen Lebenslauf so: *„Man muss Krisen durchstehen, um sich entwickeln zu können. Ohne Krisen entwickelt sich nichts, dann herrscht nur Stillstand. [...] Nach den großen Erfolgen in meinen jungen Jahren hatte ich irgendwann das Gefühl, dass ich diese Popularität nicht mehr brauche. Deshalb konnte ich auch die Jahre mit weniger Erfolgen durchstehen. Ich habe diese Zeit als Schule des Lebens angesehen. Ohne diese Schule wäre ich heute nicht so entspannt und zufrieden."*
Möge es so bleiben!

Nun aber zum zweiten Geburtstagskind des Monats – dem hierzulande wenig bekannten australischen Singer/Songwriter *Paul Kelly* (siehe auch S. 35f), der am 13. Januar seinen 65. Geburtstag feiert. Er ist übrigens nicht identisch mit dem US-amerikanischen Musiker gleichen Namens und keinesfalls zu verorten in der weit verzweigten Musikkommune der irischen *Kelly-Family*!
Dieser *Paul Kelly* ist gebürtig in Adelaide im australischen Südosten. Nach der Schulzeit war er überall auf dem fünften Kontinent unterwegs, schlug sich mit Gelegenheitsjobs durch, griff relativ spät zur Gitarre und stand erst mit 19 Jahren erstmals auf einer Bühne. Dann aber zog der Spätstarter sein Ding konsequent durch, gründete in Sydney seine erste eigene Band, die zumindest einen Single-Hit zustande brachte, bevor sie sich auflöste. 1984 stellte sich dann endlich der ersehnte Erfolg ein – nicht mehr mit gitarrenlastiger Rockmusik, sondern mit eher akustischem Songmaterial. Und mit den *Messengers* hatte *Paul Kelly* dann schließlich eine Band beisammen, die seine musikalischen Auffassungen kongenial umsetzte und ihn in die erste Liga der australischen Rocker katapultierte.
Er sei nicht nur Australiens bester und beständigster Songwriter, ist auf seiner Website zu lesen, sondern da gebe es etwas, das noch tiefer geht. *„Seine Songs haben eine Art und Weise, sich in das Land hineinzuversetzen, wie es nur wenige Künstler tun können: wie es aussieht, sich anfühlt, schmeckt und klingt. Die Freuden und Leiden, Erfolge und Torheiten. Wenn du etwas über Australien wissen willst, wie es sich anfühlt, Australier zu sein, kannst du es in seinen Liedern finden."*
Davon wollen wir uns jetzt überzeugen – ich habe zunächst ein Livealbum aus dem Jahr 1992 ausgewählt, das den Künstler solistisch auf Theaterbühnen in Perth und Melbourne präsentiert.

Schlicht mit „Paul Kelly – Live – May 1992" betitelt, lässt es uns den Sänger und Gitarristen sozusagen hautnah erleben – hier mit den Titeln „Foggy Highway" und „To Her Door" – hier ist *Paul Kelly* live aus dem Frühjahr 1992.

Paul Kelly: Foggy Highway / To Her Door

Auf dem 5. Kontinent, Neuseeland inklusive, ist der Singer/Songwriter *Paul Kelly* seit Jahrzehnten einer der populärsten Künstler. Den Sprung über den großen Teich in den internationalen Markt hat er mehrfach probiert, allerdings mit nur mäßigem Erfolg – ein Jahr lang lebte *Kelly* sogar in den USA, um dort Fuß zu fassen. Auch wenn ihm der große Durchbruch dort versagt blieb, ist *Paul Kelly* doch einer der seltenen Künstler, die auf eine lange Karriere mit erstaunlicher Kontinuität bei gleichzeitig anhaltender Kreativität verweisen können: Stilistisch reicht sein Repertoire von solistischen Folksongs über kantigen Rock'n'Roll bis hin zu Country und Bluegrass, auch ein Soul-Album mit diversen Gastsängern hat er veröffentlicht. Zudem stammen die Bühnenmusiken für einige Theateraufführungen von *Paul Kelly*, der auch selbst häufig als Schauspieler aktiv war.

Mitunter erinnert das musikalisch an *Bruce Springsteen* oder *John Mellencamp*, auch *Southside Johnny* oder *John Hiatt* sind da nicht weit weg. Und natürlich hat er im australischen Raum etliche Weggefährten, mit denen er hin und wieder die Bühne teilt – eines dieser Begegnungskonzerte ist 2013 in Sydney über die Bühne gegangen. Auf selbiger stand neben *Paul Kelly* an diesem Märzabend kein Geringerer als *Neil Finn*, der neuseeländische Songschreiber und langjährige Sänger von *Crowded House*, deren Hit „Wheather With You" wahrscheinlich vielen noch im Ohr ist.

Aus dem gemeinsamen Konzert der beiden Songwriter – unterstützt durch *Neil Finns* jüngeren Bruder *Elroy* am Schlagzeug, dem nicht mit *Paul Kelly* verwandten *Dan Kelly* an der Leadgitarre und der herausragenden australischen Jazzbassistin *Zoe Hauptmann* – wurde 2015 das gediegene Livealbum „Goin' Your Way" veröffentlicht, das nun als Direktimport aus *Down Under* auch in meinem LiveRillen-Regal steht.

Und so haben wir die einmalige Chance, einen der bekanntesten Songs von *Paul Kelly* – das wunderbare „Careless" – in drei verschiedenen Live-Versionen zu hören – zunächst aus dem Doppelkonzert mit *Neil Finn*, anschließend solistisch aus dem Jahr 1992 und schließlich in seiner Bandfassung von 1994 mit der dort als

Zugabe angehängten Ballade „Summer Rain" – hier ist Januar-Geburtstagskind *Paul Kelly* live.

Paul Kelly: Careless / Summer Rain

„Summer Rain" von *Paul Kelly* – wir werden auf den Sommerregen ja noch ein bisschen warten müssen, und auch in *Down Under* ist derzeit leider eher mörderische Hitze angesagt als so ein erfrischender Guss von oben. Schade, dass das andere Ende der Welt so weit weg ist – ich würde *Paul Kelly* zu gern selbst mal live erleben. Er tourt zwar beständig, aber eben nur selten außerhalb des 5. Kontinents. Dort gehört er seit langem zur ersten Garde der Singer/Songwriter, seine Texte haben lyrische Qualität und erscheinen längst auch als Gedichtbände, und seit 1997 ist *Paul Kelly* Mitglied der *ARIA Hall of Fame* – ARIA steht für die *Australian Recording Industry Association.*
Es sind gerade die bitteren, melancholischen Geschichten, die *Paul Kelly* erzählt, die bei seinem Publikum lange haften bleiben – etwa die Story von den Männern, die beim Fischen am Fluss ein totes Mädchen im Wasser finden – „Everything's Turning To White" – *alles vor meinem inneren Auge wird weiß.* Oder der von seiner Liebe verlassene Mann, der sich selbst immer fremder wird und seinen eigenen

Geschichten misstraut, in „Stories Of Me". Beide Titel jetzt aus dem 1992er Solo-Livealbum des Australiers, gefolgt vom keineswegs fröhlicheren Song „Before To Long" in der gemeinsamen Interpretation mit dem *Crowded-House*-Mastermind *Neil Finn.*

Paul Kelly: Stories Of Me / Everything's Turning To White
Kelly/Finn: Before To Long

Damit geht die erste LiveRillen-Sendung des Jahres 2020 schon zu Ende. Zum Abschluss noch ein paar Takte vom Januar-Geburtstagskind *Paul Kelly:* „Cities Of Texas" – klingt ein bisschen wie die Filmmusik zu einem noch nicht gedrehten Western.

Paul Kelly: Cities Of Texas

Im Februar dreht sich dann hier auf meinen Plattentellern alles um Irland unter anderem mit *Rory Gallagher, U2, Thin Lizzy, Van Morrison, Chris de Burgh, The Chieftains, Clannad* und den *Horslips* – so rockt die grüne Insel!

Quellen:

- ➤ Neil Finn + Paul Kelly: Goin' Your Way (Highlights), LP, Omnivore Records, 2015
- ➤ Paul Kelly: Live, May 1992, Do.-LP, Universal, o.J.
- ➤ Paul Kelly: Live At The Continental And The Esplanade, Do.-LP, Universal, 1995
- ➤ The Michael Schenker Group: One Night At Budokan, Do.-LP, Chrysalis, 1981
- ➤ The Michael Schenker Group: Rock Will Never Die, LP, Chrysalis, 1984
- ➤ Scorpions: Tokyo Tapes, Do.-LP, RCA, 1978
- ➤ UFO: Strangers In The Night, Do.-LP, Chrysalis, 1978
- ➤ Gitarre & Bass, Heft 9/2019

No. 23: Irish Music: So klingt die grüne Insel!

Februar 2020

Unter dem Motto „Irish Music – so klingt die grüne Insel" habe ich für heute einen Länderschwerpunkt vorbereitet mit diversen Konzertmitschnitten irischer Künstler, was allerdings nicht ganz stimmt, denn Nordirland ist ja ein Teil Großbritanniens – und dank dem Brexit nun auch wieder spürbar abgetrennt von der irischen Republik. Weil aber Musik bekanntlich Grenzen ignoriert und Brücken baut, vereinnahme ich für diese Sendung den nordirischen Teil, der durch Musiker wie *Van Morrison* oder *Stiff Little Fingers* angemessen repräsentiert werden wird, einfach mit. Und das zeigt auch schon, dass nicht etwa der legendäre *Irish Folk* allein im Mittelpunkt dieser Sendung steht, sondern stilistische Vielfalt angesagt ist.

Kleiner Ausblick gefällig? Nun, die Palette reicht von *Thin Lizzy* über *Rory Gallagher* und *U2* bis zu den *Horslips*!

Zumindest der Einstieg aber soll den Folk-Wurzeln vieler irischer Bands Respekt zollen – zunächst mit zwei Titeln der *Chieftains*. Schon 1962 gegründet, waren sie einerseits der Tradition verpflichtet, scheuten sich aber andererseits nicht vor der stilübergreifenden Zusammenarbeit mit Musikern wie *Elvis Costello, Mick Jagger, Eros Ramazotti* oder *Tom Jones*, und auch mit *Van Morrison* standen sie schon gemeinsam auf der Bühne.

Zentrum der zuweilen siebenköpfigen und mehreren Personalwechseln unterworfenen Gruppe war und ist *Paddy Moloney*, der nicht nur komponiert und arrangiert und den irischen Dudelsack sowie die Tin Whistle spielt, sondern auch die Livekonzerte launig moderiert. Tatsächlich gibt es die *Chieftains* noch heute – im Februar und März steht eine ausgedehnte USA-Tour mit rund 30 Konzerten an. Neben *Moloney* sind nur noch der Sänger und Bodhran-Spieler *Kevin Conneff* – seit 1976 Mitglied der Chieftains – und der Flötist *Matt Molloy*, der 1980 zur Band stieß, vom älteren Stamm dabei, was der Qualität ihrer Musik aber keinen Abbruch tut, wie die begeisterten Kritiken zeigen.

Ich setze ein wenig früher an: 1977 ist auf Island Records „The Chieftains – Live"

erschienen, aufgenommen in Septett-Besetzung und weitgehend instrumental gehalten. Daraus jetzt zunächst „Carolan's Concerto" - die von *Derek Bell* gespielte Irische Harfe prägt diese Bearbeitung eines irischen Volkstanzes, bevor Fiddle, Dudelsack sowie diverse Pipes und Whistles die Sache vorantreiben.

Danach dann eine Komposition von *Paddy Moloney*: „The Foxhunt" – die Fuchsjagd. Musik von der grünen Insel mit den *Chieftains*.

Chieftains: Carolan's Concerto / The Foxhunt

Auch die zweite Band ist deutlich von der heimischen Folklore beeinflusst: „Clannad in Concert" heißt die 1978 erschienene Platte, die ich für die irischen Musiker des *Brennan*-Familienclans herausgesucht habe. Um 1970 herum begannen die Geschwister *Moya, Claran und Pol Brennan* im Pub ihres Vaters Folksongs zu interpretieren. Der Gewinn eines Talentwettbewerbs brachte dann den ersten Plattenvertrag ein, und seit 1973 sind *Clannad* nicht nur in ihrer Heimat, sondern weltweit und insbesondere in Deutschland auf den Konzertbühnen zu Hause. Übrigens gehörte auch Schwester *Eithne* zeitweise zu *Clannad*, die später unter dem Künstlernamen *Enya* eine solistische Weltkarriere hinlegte.

Auch *Clannad* sind – wie die *Chieftains* – noch immer aktiv: Genau am Schalttag, dem 29. Februar, startet ihre ausgedehnte Europatournee mit Konzert in Irland und England, dann geht es hinauf nach Skandinavien, Polen, Ungarn, Österreich und die Niederlande, am Ostersonntag spielen sie in Berlin in der Passionskirche, und am 16. Mai sind *Clannad* live in der Leipziger Peterskirche zu erleben – ein Muss für alle Fans irischer Folklore. (Anmerkung: Wie gesagt: Zu diesem Zeitpunkt war Corona noch fern – leider kam es anders, wie wir wissen ..).

Hier nun als kleiner Vorgeschmack vom Album „Clannad In Concert" das gut zehnminütige Stück „Nil Se'n La" – auf englisch „It's Not Yet Day" und deutsch „Es ist noch nicht Tag". Auf dem Innencover der Platte heißt es dazu:

„Dieses Lied erinnert an den Besuch der Franzosen in Killala im Jahr 1798. Es ist ein mitreißender Aufruf an die irischen Landsleute, sich der bevorstehenden Revolution anzuschließen. Das Thema des Dichters ändert sich in einigen Versen zu einem mehr oder weniger verbreiteten Trinklied, und dies war ein beliebtes Mittel in den als Hochverrat bekannten Liedern, um Fremde über das eigentliche Thema des Gedichts hinwegzutäuschen. "

Hier sind *Clannad* live aus dem Jahr 1978…

Clannad: Nil Se'n La – It's Not Yet Day

Dass man Irish Folk auch hervorragend mit Rockelementen verschmelzen kann, beweisen seit 5 Jahrzehnten die *Horslips*. 1970 war das Quintett eigentlich nur als Studioband zusammengestellt worden, um einen Werbespot einzuspielen. Zum Glück ist es dabei nicht geblieben. 1972 erschien dann die erste LP der *Horslips*. Ihre erfolgreichste Phase brachte bis 1980 jährlich eine weitere Platte und zum Abschluss das mitreißende Livealbum „The Belfast Gigs" hervor. Dann gabs eine kreative Pause bis 2004 und seither gibt es die Band mit bemerkenswerter personeller Konstanz im Prinzip bis heute – allerdings stehen sie nur noch selten gemeinsam auf der Bühne – zumeist bei Festivals. Vom zwischenzeitlichen Abschiedskonzert der *Horslips* aus dem Jahr 1980 zwei ihrer bekanntesten Stücke: „Trouble With A Capital ‚T'" – ein schmissiger Song über den Ärger, der einen

mitunter hartnäckig verfolgt – und „‚The Man Who Built America" – reich an Metaphern rund um einen ziemlich unangenehmen Typen von Mann. Die *Horslips* mit ihrem mitreißenden Folkrock – live aus dem Jahr 1980 vom Album „The Belfast Gigs".

Horslips: Trouble With A Capital "T" / The Man Who Built America

Nun zur irischen Gitarren-Legende schlechthin: *Rory Gallagher* – ich oute mich da gern als bekennender Fan.

1949 im irischen Ballyshannon geboren und in Cork aufgewachsen, hat er angeblich die ersten Akkorde als Kind auf einer Plastikgitarre geübt, was so gut funktionierte, dass er bereits im zarten Alter von 15 Jahren Musikprofi wurde. Fernab der irischen Folklore zog es ihn früh zum rockinfizierten Blues eines *Chuck Berry* oder *Muddy Waters*.

Das war auch die musikalische Basis seines ersten Trios namens *Taste*, in dessen zweiter Besetzung außer *Gallagher* der Schlagzeuger *John Wilson* und Bassist *Richard McCracken* spielten – beides ebenfalls waschechte Iren.

In einer Zeit, da Gitarrentrios wie *Cream* oder die *Jimi-Hendrix-Experience* Konjunktur hatten, stellten sich auch für *Taste* dank ihrer kraftvollen, erdigen und rauen Spielweise rasch Erfolge ein, die *Gallagher* wohl etwas zu Kopf stiegen – immer stärker fühlten sich seine beiden Kollegen zu bloßen Statisten degradiert, sodass 1970 das erwartbare Ende für *Taste* kam.

Aus ihrer großen, wenn auch kurzen Zeit hier zwei Stücke – zunächst von der im Oktober 1968 im Londoner *Marquee* mitgeschnittenen, zehn Jahre später bei Bellaphon veröffentlichten LP „In Concert – Taste featuring Rory Gallagher" der

Bluesklassiker „Sugar Mama", und anschließend von einem erst 2015 als Doppelalbum veröffentlichten Konzert beim legendären 1970er *Isle-of-Wight-Festival* der wohl bekannteste eigene *Taste*-Titel „What's Going On" aus der Feder von *Rory Gallagher* – nicht zu verwechseln mit der gleichnamigen Soulnummer von *Marvin Gaye*.

The Taste: Sugar Mama / What's Going On

Nach der Auflösung von *Taste* war *Gallagher*
unter eigenem Namen unterwegs mit *Rod de Ath*
am Schlagzeug, *Gerry McAvoy* am Bass und dem
Pianisten *Lou Martin*. Auf ihrer ausgedehnten
Irish Tour 1974 entstand das gleichnamige
legendäre Doppelalbum. Daraus jetzt ein Titel,
der wie kaum ein anderer zu *Rory Gallagher* passt,
obwohl er ihn nicht selbst geschrieben hat:

„Too Much Alcohol" von *Joseph Benjamin Hutto*,
kurz J. B., einem 1926 in South Carolina
geborenen und 1983 verstorbenen Blues- und Slide-Gitarristen. In einer Zeit, da
die Rockszene alle möglichen Drogen ausprobierte, hielt sich *Gallagher* bekanntlich
lieber an die Flasche – egal ob da nun Whisky, Brandy, Sherry, Gin oder Guinness
drin war. Dass sowas nicht lange gutgehen kann, ist ebenso bekannt: 1995 starb
Rory Gallagher mit nur 46 Jahren nach einer
erfolglosen Lebertransplantation…
Erfreulicherweise ist uns seine Musik geblieben –
hier also als in diesem Falle für *Rory Gallagher*
letztlich nutzlose Warnung „Too Much Alcohol"
von der Irish Tour live!

Rory Gallagher: Too Much Alcohol

Mit zwei weiteren Titeln will ich die Hommage an
den hemdsärmeligen Gitarristen mit der Löwenmähne abschließen, der betont
bodenständig daherkam und das Publikum gern in seine Trinksprüche einbezog.
Seine Konzerte waren ehrliche, dynamische Handarbeit, ganz ohne Attitüden,
Glammer und Pyrotechnik. Dabei hat *Gallagher* ja keineswegs nur der reinen
Blueslehre gefrönt, sondern das klassische Schema durch einprägsame Rockriffs
erweitert, die einigen der Älteren unter euch durchaus im Ohr geblieben sein
dürften. „Philby" ist so ein Beispiel, gewidmet dem berüchtigten britischen
Doppelagenten *Kim Philby*, der zu Zeiten des Kalten Krieges zahlreiche West-
Geheimdienstler an die Russen verraten haben
soll und schließlich selbst in die Sowjetunion
emigrierte. Den Song gibt's gleich, aufgenommen
übrigens 1985 in Montreux.

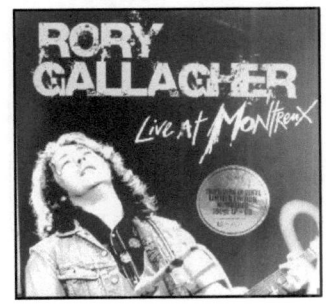

Danach noch Gallaghers „Shadow Play", das
Schattenspiel – einer der echten Szene-Hits von
Rory Gallagher, veröffentlicht auf „Stage Struck"
und mitgeschnitten während der 79/80er

Welttournee, bei der ihn sein Langzeit-Kumpel *Gerry McAvoy* am Bass und *Ted McKenna* am Schlagzeug begleitet haben.

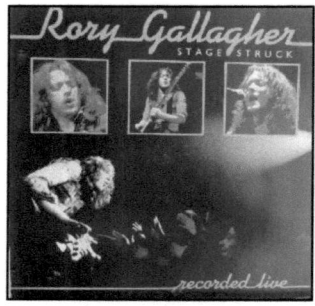

Rory Gallagher: Philby / Shadow Play

Thank you, Good Night von dieser Stelle an *Rory Gallagher*, der seit einem knappen Vierteljahrhundert im Musikerhimmel die illustre Schar um *Brian Jones, Jimi Hendrix, Janis Joplin* oder *Jim Morrison* mit seiner Bluesgitarre verstärkt. In den Juni-LiveRillen werde ich zum 25. Todestag noch den einen oder anderen *Gallagher*-Song spielen.

Apropos *Morrison* – klar, dass wir bei irischer Musik nicht an *Van Morrison* vorbeikommen! Der ist nun waschechter Nordire, geboren 1945 in Belfast als echtes Arbeiterkind.

Als Sänger der Gruppe *Them* hatte er Mitte der 1960er Jahre erste Erfolge zu verzeichnen – legendär seine viertelstündige Version des selbstgeschriebenen Drei-Harmonien-Songs „Gloria".

Schon 1967 entschied sich *Morrison* für eine Solokarriere, an deren Beginn ihn der Songschreiber *Bert Berns* unterstützte, der allerdings bald darauf einem Herzinfarkt erlag. Seither arbeitet *Van Morrison* bis heute mit wechselnden, doch jeweils exzellenten Musikern zusammen, die seinem unverwechselbaren Organ einen passenden Teppich aus Rhythm&Blues, Soul, Jazz und Rockelementen unterlegen. Dabei ist *Morrison*, wie man hört, ein ziemlich mürrischer Grantler, der seinen Musikern gegenüber schon mal handgreiflich wird, wenn nicht alles so läuft wie *Van The Man* sich das vorstellt – vielleicht ist das aber auch nur Attitüde, um sein sprichwörtliches Lampenfieber bei Liveauftritten zu überspielen.

Die sind trotzdem legendär – hier zwei frühe Aufnahmen aus dem Jahr 1973 vom Album „It's To Late To Stop Now" – zunächst „Here Comes The Night" aus der Feder von *Bert Berns* – auch das war schon mit *Them* ein Hit geworden – und danach besagtes „Gloria", allerdings hier in einer Kurzversion dargeboten von *Van Morrison* live.

Van Morrison: Here Comes The Night / Gloria

Van Morrison, gebürtiger Nordire, der am 31. August seinen 75. Geburtstag feiern wird. Hier und heute zumindest noch ein Song aus dem grandiosen Konzert, das 1983 im Opernhaus seiner Geburtsstadt Belfast mitgeschnitten wurde – *Van Morrison* mit schönen Aussichten – „Beautiful Vision".

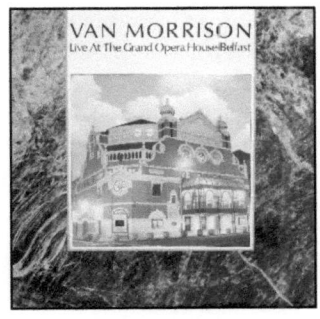

Van Morrison: Beautiful Vision

Wir bleiben noch ein bisschen in Nordirland und sogar direkt in Belfast, wechseln aber doch deutlich die musikalische Klangfarbe: *Stiff Little Fingers* – kurz *SLF* – spielen seit den späten 1970er Jahren mit keineswegs steifen Fingern eine fetzige Mischung aus Wave, Punk und Reggae-Elementen, und sie scheuen sich keineswegs vor deutlichen politischen Anspielungen hinsichtlich ihrer Heimat, was nicht zuletzt ihrer Freundschaft zum Politrocker *Tom Robinson* geschuldet ist. So waren sie auch regelmäßig auf den Bühnen der *Rock Against Racism Festivals* zu erleben.

Dabei hatten die Bandmitglieder um die Gitarristen *Jake Burns* und *Henry Cluney* mit Coversongs im Stil von *Deep Purple* begonnen, sich aber bald vom gerade im Entstehen begriffenen britischen Punk infizieren lassen. Nicht von ungefähr dürfte sich mancher beim Hören an *The Clash* erinnert fühlen. „Live And Loud" heißt ihr Doppelalbum aus dem Jahr 1988, von dem ich zwei typische *SLF*-Songs spielen will: „The Only One" und „Nobodys Heroes". So klingen *Stiff Little Fingers*...

Stiff Little Fingers: The Only One / Nobodys Heroes

Wenn zwei oder mehr Leadgitarren im Zusammenspiel erklingen, denkt man unwillkürlich an *Wishbone Ash*, und zweifellos gehörte die britische Band auch zu den Vorbildern für *Thin Lizzy*, die sich 1970 – also nur ein Jahr nach *Wishbone Ash* – in Dublin zunächst als Trio gründeten. Ans Mikrofon trat mit dem Bassisten *Phil Lynott* ein charismatischer Sänger und begnadeter Songschreiber; *Eric Bell* spielte zunächst allein die melodiösen Gitarrenparts, und am Schlagzeug sorgte *Brian Downey* für den nötigen Groove. Ihr erster großer Hit, die Folksong-Adaption „Whisky In The Jar", war denn auch durchaus *nicht* typisch für den eher am Hardrock orientierten Gruppensound, der durch Umbesetzungen in den 70er Jahren denn auch fetter wurde – nicht zuletzt durch die zeitweise Mitwirkung von exzellenten Gitarristen wie *Gary Moore*, *Snowy White* oder *Brian Robertson*, später Gitarrist bei *Motörhead*. Allerdings blieben *Thin Lizzy* immer so etwas wie eine Band kurz vor dem ganz großen Durchbruch, was *Phil Lynott* zunehmend in Drogen und Alkohol zu vergessen suchte. Zu Beginn des Jahres 1986 verstarb der 38-Jährige an Herzversagen.

Hier einer ihrer großen Hits „Boys Are Back In Town" – nicht vom bekannten

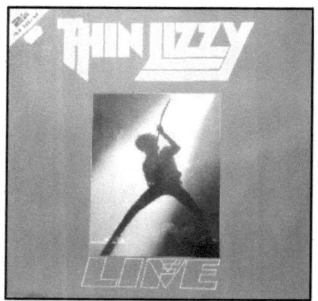

Doppelalbum „Live And Dangerous", das 1978 erschienen ist, sondern vom 1983 bei Phonogram veröffentlichten Album „Thin Lizzy Life".

Da standen so ziemlich alle jemals bei *Thin Lizzy* beschäftigten Gitarristen gemeinsam auf der Bühne, was ja zum Song „Boys Are Back In Town" passt – und ein toller Gitarrensound war das Ergebnis!

Thin Lizzy: Boys Are Back In Town

Die Jungs sind zurück in der Stadt – das waren *Thin Lizzy* kurz vor dem Ende der heutigen LiveRillen-Ausgabe rund um Musik aus Irland, besser gesagt von Künstlern, deren biografische und musikalische Wurzeln dort zu finden sind. Tja, und wenn es um Irland geht, dann dürfen natürlich *U2* nicht fehlen. Das Quartett aus Sänger *Paul Hewson*, genannt *Bono*, Gitarrist *David „The Edge" Evans*, *Adam Clayton* am Bass und *Larry Mullen* am Schlagzeug existierte seit 1976, seinerzeit von den Schulfreunden in Dublin gegründet – allesamt Kinder der frühen 1960er Jahre. *Bono* wird im Mai dieses Jahres 60, da gibt's dann noch ein bisschen mehr von *U2* und ihrem immer etwas pathetischen, dabei stets politisch korrekten Stadion-Rock. Garantiert selten zu hören ist diese Aufnahme von *U2*: „I Still Haven't Found What I'm Looking For", einer der großen Hits der Band, hier live gespielt in Sheffield im August 2009 und vom Luxemburger Bootleg-Label *Swingin' Pig Records* in grünes Vinyl gepresst – von dem Doppelalbum „Monster" gibt es ganze 500 limitierte Exemplare weltweit, meins trägt die Nummer 134.

Die nächsten LiveRillen im März stellen einen der ganz Großen in den Mittelpunkt – aus gegebenem Anlass natürlich: *Mr. „Slowhand" Eric Clapton* feiert im März seinen 75. Geburtstag!

Und hier noch *Bonos* Klage, nicht alles gefunden zu haben, was er suchte – so ist das halt im Leben.

U2: I Still Haven't Found What I'm Looking For

Quellen:

- The Chieftains: Live!, LP, Island Records, 1977
- Clannad: In Concert, LP, Ogham Records, 1978
- Rory Gallagher: Smokestack Lightning (BBC 1971), LP, Diskoton (neu)
- Rory Gallagher: Live In Europe, LP, Polydor, 1972
- Rory Gallagher: Irish Tour '74, Do.-LP, Polydor, 1974
- Rory Gallagher: Riding Shotgun (New York 1974), LP, Discos Toro Salvaje (neu)
- Rory Gallagher: Stage Struck, LP, Ariola, 1980
- Rory Gallagher: Live At Montreux, Do.-LP, Ear Music/Capo, 2006
- Horslips: The Belfast Gigs, LP, Mercury/Phonogram, 1980
- Van Morrison: It's Too Late To Stop Now, Do.-LP, Warner, 1973
- Van Morrison: Live At The Grand Opera House Belfast, LP, Polygram, 1984
- Stiff Little Fingers: Live And Loud!!, Do.-LP, Link Records, 1988
- Taste feat. Rory Gallagher: In Concert 1968, LP, Ariola, 1978
- Taste: What's Going On / Live At The Isle Of Wight 1970, Do.-LP, Universal, 2015
- Thin Lizzy: Live And Dangerous, Do.-LP, Phonogram, 1978
- Thin Lizzy: LIVE, Do.-LP, Vertigo, 1983
- U2: Under A Blood Red Sky, LP, Island Records, 1983
- U2: Monster – Sheffield/England August 2009, Do.-LP, Swingin' Pig Records, 2010 (limited Edition 134/500)
- U2: Rattle And Hum, Do.-LP (teilweise live), Island Records, 1988

No. 24: Eric Clapton 75 / Al Jarreau 80

März 2020

Aus gegebenem Anlass beginnt die heutige Sendung mit einem Musiker, der das Prädikat „Vokalakrobat" wie kaum ein anderer verdient: *Al Jarreau*. Der Jazz-Sänger, zugleich Grenzgänger zwischen Rock, Pop und dem, was man etwas pauschal als „Weltmusik" bezeichnet, würde am 13. März seinen 80. Geburtstag feiern können – vor drei Jahren ist er verstorben. Das Jubiläum aber ist Anlass genug, ihn in dieser LiveRillen-Ausgabe zu Wort kommen zu lassen, was im Falle eines Sängers ja durchaus zutrifft.

Bevor ich einiges über den bescheidenen Star erzähle, sollten wir ihn hören – hier ist *Al Jarreau* live im Frühjahr 1977. Seine damalige Europa-Tour wurde unter dem Titel „Look To The Rainbow" von Warner Brothers auf einem wunderbar entspannt klingenden Doppelalbum veröffentlicht, und hier ist der Konzerteinstieg: *Al Jarreau* mit seiner Eigenkomposition „Letter Perfect" und anschließend mit seiner Version des *Leon-Russell*-Klassikers „Rainbow In Your Eyes".

Al Jarreau: Letter Perfect / Rainbow In Your Eyes

„Triumphal, unglaublich, eine Offenbarung" – das sind nur einige der Attribute, die Al Jarreau insbesondere für seine Liveauftritte von den Kritikern aufgedrückt bekommen hat. Dabei – so liest man es im Rocklexikon von *Siegfried Schmidt-Joos* und *Barry Graves* – sei er stets *„frei von Manierismen, melodisch wie rhythmisch präzise, sicher im Geschmack"* gewesen.

Allerdings hatte es der Sohn eines Predigers und geschulte Gospelsänger nicht unbedingt leicht, im Showbusiness Fuß zu fassen. Er ließ sich schlecht festlegen auf eine Stilistik, passte in keine der Schubladen, die Plattenverkäufer gern bedienen.

Zudem hatte *Al Jarreau* anfangs auch gar keine Musikerkarriere im Sinn – er studierte Psychologie und Sozialpädagogik und war zu Beginn der 1960er Jahre als Betreuer psychisch angeknackster US-Armisten tätig. Abends trat er in Blues- und Jazzklubs auf, um 1968 schließlich den Sprung ins Haifischbecken zu wagen. Einen Plattenvertrag bekam er in den USA allerdings erst 1975 – da war er in Europa durch seine ausgedehnten Tourneen längst eine Sensation!

Die Entscheidung, sich stilistisch nicht festnageln zu lassen, brachte ihm die Ablehnung der Puristen jeglicher Couleur ebenso ein wie die übergreifende Begeisterung der unterschiedlichen Fan-Lager.

Über sich selbst sagte *Al Jarreau* einmal: *„Ich bin ein Rhythm&Blues-Sänger, ein Pop-Sänger, ein Jazz-Sänger. Für mich vertragen sich diese Stilarten miteinander. Ich möchte das einfach alles machen. Vielleicht bedeutet es, dass ich ein bisschen schizophren bin".*
Das klingt nun doch ein wenig kokett…
Vor allem seine Konzertaktivitäten festigten seinen Ruf eines herausragenden Interpreten; er arbeitete live mit unterschiedlichen Besetzungen und war Gast bei anderen Stars, beispielsweise bei *George Benson*. Außerdem war er 1985 bei dem Life-Aid-Song „We Are The World" für die Afrika-Hilfe zu hören.

Noch zu Jahresbeginn 2017 stand er auf der Konzertbühne, musste dann wegen akuter Atemprobleme in Los Angeles ins Krankenhaus und verstarb dort wenige Tage später am 12. Februar. Geblieben ist uns seine fantastische Vokalkunst, an die ich aus Anlass seines bevorstehenden 80. Geburtstages erinnern möchte. Hier also noch einmal gut zehn Minuten mit dieser unvergleichlichen Stimme: *Al Jarreau* zunächst von der im November 1984 im *Wembley*-Stadion aufgenommenen LP „In London" mit dem Stück „Black And Blues" – hier begleitet von einer Beinahe-Big-Band – und anschließend von dem eher kammermusikalischen 1977er Konzertmitschnitt „Look To The Rainbow" (hier breiten ja lediglich Bass, Schlagzeug, Keyboards und Vibraphon den Teppich für seine Stimme aus) „Could You Believe" – *Al Jarreau* live!

Al Jarreau: Black And Blues / Could You Believe

So weit die Erinnerung an *Al Jarreau* und seine unvergessliche Stimme – am 13. März können wir seines 80. Geburtstages gedenken.

Weiter geht's in der heutigen LiveRillen-Sendung mit einer Vorab-Gratulation an einen höchst lebendigen Musiker, dem noch viele aktive Jahre beschert sein mögen. Am 30. dieses Monats wird er seinen 75. Geburtstag feiern können – die Rede ist von *Mr. Slowhand* – *Eric Clapton*. An ihm kommt bis heute niemand vorbei, der es auf den sechs Saiten zu etwas bringen will, und noch immer ist er aktiv, veröffentlicht regelmäßig Platten, konzertiert weltweit und begeistert seine Fans mit dem immer Gleichen, das bei ihm doch jedes Mal so frisch wie soeben erst erfunden klingt: das ist der Blues, und kaum ein Weißer hat ihn so wie er! Das erste musikalische Kapitel öffnete der unter dem Namen *Eric Patrick Clapp* unehelich Geborene in der ersten Hälfte der 1960er Jahre mit den *Yardbirds*, anfänglich Begleitband des Bluessängers *Sonny Boy Williamson*, und anschließend bei den *Bluesbreakers* von *John Mayall* – hier konnte er seine an *B.B. King* orientierte

Bluesstilistik ausprägen und verfeinern, sodass der gerade mal 20Jährige bereits bald einen legendären Ruf genoss.

Der führte dann zielgerichtet ins nächste Kapitel des Erfolgs: *Cream* – die erste Supergroup der Rockgeschichte, das Trio mit dem Bassisten *Jack Bruce, Ginger Baker* am Schlagzeug und eben *Eric Clapton* als jüngstem der Drei. Und mit *Cream* soll auch die heutige *Eric-Clapton*-Hommage beginnen, und zwar mit Aufnahmen, die seltener zu hören sind als die beiden offiziellen Live-Alben des Trios.

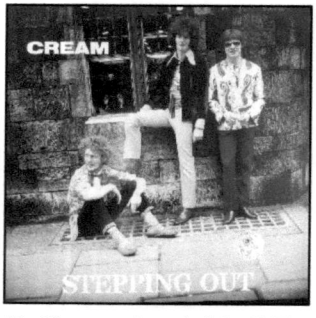

Das Luxemburger Label *Swingin' Pig Records* – bekannt für seine Live-Bootlegs – hat 1989 die LP „CREAM – Stepping Out" (in offensichtlich abweichender Schreibweise) veröffentlicht, die neben einem Konzertmitschnitt aus dem *Konserthuset* Stockholm vom 3. März 1967 noch einige BBC-Liveeinspielungen desselben Jahres enthält. Vom Konzert im hohen Norden zunächst das titelgebende Instrumental „Steppin' (sic!) Out", das *Memphis Slim* 1959 veröffentlicht hatte.

Als Komponist wird *L.C. Frazier* angegeben – eines der Pseudonyme von *Memphis Slim. Clapton* hatte den Titel bereits mit *John Mayall's Bluesbreakers* für deren 1966 erschienene LP eingespielt.

Danach dann „Sitting On Top Of The World", aufgenommen in Detroit im Herbst 1967 und erst 2018 in einem auf 2.000 Exemplare weltweit limitierten Doppelalbum vom Label *London Calling* auf weißem Vinyl veröffentlicht. Die Qualität des Mitschnitts ist zugegeben nicht besonders gut, aber der dokumentarische Wert zählt in diesem Falle.

Das vom Bluesgitarristen *Walter Vinson* geschriebene Stück war bereits 1930 von den *Mississippi Shakes* veröffentlicht worden und zählt bis heute zu den wichtigen Klassikern des US-amerikanischen Blues.

Aller guten Dinge sind bekanntlich drei – zum Abschluss dieses Blocks die *Clapton*-Komposition „Tales of Brave Ulysses", live eingespielt für die BBC am 5. Mai 1967. Hier also drei Mal *Eric Clapton* mit *Cream* live!

Cream: Stepping Out / Sitting On Top Of The World / Tales Of Brave Ulysses

Eric Clapton – nach dem Aus von *Cream* im Dezember 1968 hätte es durchaus auch böse für den Jungstar enden können: *Clapton* war schwer drogenabhängig und hatte Mühe, sich am eigenen Zopf aus diesem Sumpf zu ziehen. Nicht unbedingt förderlich war dabei der Stress ausgedehnter Konzerttouren, die er um 1970 herum gemeinsam mit der Rhythm&Blues-Formation des Ehepaars *Delaney und Bonnie Bramlett* unternahm – ein Konzertmitschnitt aus England ist unter der Bezeichnung „Delaney & Bonnie & Friends On Tour With Eric Clapton" veröffentlicht.

Die Besetzungsliste enthält bekannte Namen: *Dave Mason* an der Gitarre, *Carl Radle* am Bass, *Jim Gordon* am Schlagzeug, *Bobbie Whitlock* an den Tasten, dazu eine Bläsersektion unter anderem mit *Bobbie Keys* am Saxofon.

Auf der Setlist fanden sich neben Standards von *Little Richard* auch Kompositionen von den *Bramletts* sowie von *Dave Mason* oder *Leon Russell*, und die Aufnahmen lassen einiges von der kreativen Energie erahnen, die diese illustre Riege befreundeter Musiker mit *Eric Clapton* an der Leadgitarre auf die Bühne brachte. Zwei Titel will ich spielen – zunächst „Poor Elijah" – ein Tribut für *Robert Johnson* – und danach „Coming Home", eine Komposition von *Clapton* zu Lyrics der Sängerin *Bonnie Bramlett*. Und weil sich ein Titel auf der A-Seite, der andere auf der B-Seite der LP findet, überbrücke ich die Zeit zum Umdrehen der Scheibe für das Einspiel einer Instrumentalpassage aus den legendären *Miami-Sessions*, die *Clapton* kurz danach mit *Derek & The Dominos* zum Warmspielen im Studio nutzte –

herausgekommen ist bekanntlich einer der Rockklassiker jener Zeit: „Layla", bis heute in fast jedem Clapton-Konzert zu hören.

Übrigens war diese Truppe im Kern ja identisch mit den Friends von *Delaney & Bonnie* – also *Bobbie Whitlock, Jim Gordon* und *Carl Radle*, und dazu an der zweiten Leadgitarre kein geringerer als *Duane Allman* von den *Allman Brothers*. Veröffentlicht wurden diese rein instrumentalen Fingerübungen ebenfalls als Bootleg (und in der abweichenden Schreibweise „Dominoes") auf dem Luxemburger *Swingin' Pig Records* Label.

Delaney & Bonnie: Poor Elijah – Tribute To Johnson / Coming Home
Derek & The Dominos: The Miami Sessions

Nach dem Auseinanderfallen der kurzlebigen Formation *Derek & The Dominos* zog sich *Clapton* immer mehr zurück, war schwer heroinabhängig und von psychischen Problemen belastet. Wenige, dafür aber echte Freunde stützten ihn in dieser schwierigen Zeit – allen voran Ex-Beatle *George Harrison*. Als der im August 1971 eine illustre Musikerschar um sich versammelte, um ein Benefiz-Doppelkonzert für die unter einer Hungersnot leidenden Bevölkerung von Bangladesch zu spielen, gelang es ihm, auch *Eric Clapton* zu aktivieren. Und wie schon bei der *Beatles*-Originalaufnahme steuerte der sein wunderbares Solo zu *Harrisons* Komposition „While My Guitar Gently Weeps" bei – da hört man sie wirklich fließen, die Tränen der Gitarre.

Anderthalb Jahre später war es der *Who*-Gitarrist *Pete Townshend*, der sich um *Clapton* bemühte und ihm für ein Konzert im Londoner *Rainbow-Theatre* eine kongeniale Band zusammenstellte: unter anderem *Steve Winwood* an den Keyboards, *Ric Grech* am Bass, *Jim Capaldi* am Schlagzeug und *Ronnie Wood* – damals noch bei den *Faces* – an der Gitarre. Als Namen wählte sich die Truppe übrigens *The Palpitations* – das Herzklopfen also, das *Clapton* mit Sicherheit auf der Bühne begleitet hat. *Clapton* bekannte später, dass der Erfolg dieses mit Spannung erwarteten Comeback-Konzertes und die darauffolgende LP-Veröffentlichung ihm den

Rückweg ins Leben ermöglicht hätten. Aus diesem Konzert hören wir gleich die *Clapton*-Komposition „Presence Of The Lord", mit der *Eric Clapton* die Anwesenheit des Herrn besingt – vorher aber noch wie erwähnt die weinende Gitarre aus dem Bangladesch-Konzert, eingeleitet von der Vorstellung der Bandmusiker durch *George Harrison* selbst, und achtet mal auf den Jubel, als der Name *Eric Clapton* fällt.

Bangladesh: While My Guitar Gently Weeps / Rainbow Concert: Presence Of The Lord

Von nun an ging es wieder aufwärts – *Clapton* tauchte dank einer neuartigen Elektro-Akupunktur aus der rosafarbenen Baumwoll-Wolke auf, in der er nach eigener Aussage während seiner Heroinabhängigkeit gelebt hatte. Die 1974 erschienene Studio-LP „461 Ocean Boulevard" zeigte ihn auf dem Höhepunkt seiner Gitarrenkunst, die sich nicht unbedingt durch Schnelligkeit auszeichnet, wohl aber durch ausgeprägte Melodik und tiefe Emotionalität.

Weltweit spielte *Clapton* in den 1970ern umjubelte Konzerte, und so blieb es nicht aus, dass einige davon für die Nachwelt erhalten geblieben sind.

Bevor ich einige dieser Aufnahmen vorstelle, hier aber noch ein besonderes Konzert aus dem Jahr 1978, zu dem *Eric Clapton* eingeladen war – eine grandiose Abschiedsparty einer ebenso grandiosen Band kanadischen Ursprungs, die auch schlicht genau so hieß: *The Band* – und im legendären *Winterland* ein Gala-Dinner für 5.000 Gäste mit einem phänomenalen Konzert umrahmte: „The Last Waltz"! Mit dabei waren *Muddy Waters, Van Morrison, Neil Young, Bob Dylan, Ringo Starr, Joni Mitchell, Emmylou Harris, Paul Butterfield, Dr. John, Ron Wood, Neil Diamond, The Staples* und eben *Mr. Slowhand Eric Clapton!*

Der fast dreistündige Konzertfilm lief dann ja sogar in den DDR-Kinos und brachte uns die verehrten Stars zumindest auf der Leinwand nahe. Dazu gibt es ein Dreifach-Vinyl-Album mit reich bebildertem Booklet, das sollte jeder Rockfan im Regal stehen haben. Ich ziehe es jetzt heraus, lege die mittlere Scheibe auf, und wir hören *Eric Clapton* an der Seite von *Robbie Robertson, Levon Helm, Rick Danko, Richard Manuel* und *Garth Hudson* mit dem Bluesklassiker „Further On Up The Road".

Clapton & The Band: Further On Up The Road

Nun aber zu *Eric Claptons* eigenen Konzertaktivitäten in den 1970er Jahren, wobei auch bei diesen immer wieder illustre Gastmusiker und befreundete Kollegen gemeinsam mit ihm auf der Bühne standen, und *Clapton* interpretierte ja auch stets Songs anderer Stars in jeweils ganz eigenen Versionen.

Die LP „Timepieces Vol. II" – 1980 erschienen – enthält Mitschnitte, die zwischen 1971 und 1979 bei diversen Konzerten entstanden sind. Darunter ein beinahe rein akustisches Konzert aus dem Jahr 1974 mit der damals 23jährigen Sängerin *Yvonne Elliman*, die schon im Studio für Clapton gearbeitet hatte – so ist sie etwa bei „I Shot The Sheriff" zu hören. Später machte sie auch eine kleine Schauspielkarriere, bis es ruhiger um die 1951 in Honolulu geborene Tochter einer Japanerin und eines Iren wurde. Aus diesem Konzert hier die wunderbar luftige Fassung des *Steve-Winwood*-Klassikers „Can't Find My Way Home" – oft gecovert, aber selten so schön wie in dieser Duett-Version von *Eric Clapton* mit *Yvonne Elliman*. Danach aus demselben Konzert ein Stück, das kein Geringerer als *Charly Chaplin* komponiert hat und das 1954 von *Petula Clark* erstveröffentlicht wurde: „Smile" – hier in der Fassung von *Eric Clapton*, und auch da ist *Yvonne Elliman* am zweiten Gesangsmikrofon zu erleben.

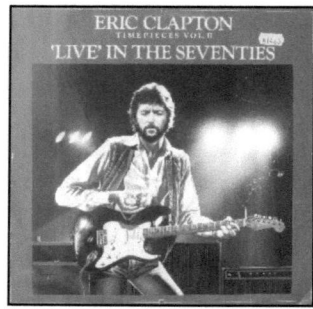

Clapton: Can't Find My Way Home / Smile

Überhaupt versucht sich *Clapton* in dieser Zeit verstärkt als Sänger zu etablieren; das Rocklexikon von *Siegfried Schmidt-Joos* stellt dazu bedauernd fest, dass somit die instrumentale Virtuosität seiner Gitarrenpassagen aus *Cream*-Zeiten zugunsten seines nicht sehr ausdrucksvollen Gesangs reduziert werde. Sicher hat *Clapton* in dieser Zeit einige Fans verloren, aber durch die stärkere Hinwendung zum radiotauglichen Mainstream auch etliche neue hinzugewonnen. 1978 war *Clapton* in den USA auf Tour. Sein Konzert in Santa Monica am 11.

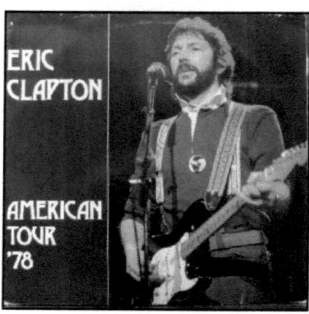

Februar wurde 1990 als Bootleg in wirklich ausgezeichneter Tonqualität veröffentlicht – natürlich wieder mal vom tanzenden Schweinchen, dem Luxemburger *Swingin' Pig* Label. Die gönnen sich ja zudem stets farbig ausgefallenes Vinyl – diesmal ist die Scheibe leuchtend blau. Davon jetzt ein Stück, das er sich von *Bob Dylan* ausgeliehen hat, dessen Studioarbeit *Clapton* ja mehrfach unterstützt hat: „Knockin' On Heaven's Door" – live im Jahr 1978!

Clapton: Knockin' On Heaven's Door

Eine der weltweit bedeutendsten Konzerthallen der Rockmusik-Ära steht zweifellos in Tokyo – die legendäre Kampfsporthalle *Budokan*, in der zahlreiche internationale Stars ihre besten Konzertalben aufgenommen haben – das reicht von *Bob Dylan* bis zu den *Scorpions*. Und natürlich gibt es auch ein Livealbum von *Eric Clapton* aus der *Budokan*, aufgenommen im Dezember 1979 und im Folgejahr unter dem Titel „Just One Night" veröffentlicht. Für diese Welttournee hatte *Clapton* sich übrigens eine neue Band mit ausschließlich britischen Top-Musikern zusammengestellt. Als da sind: der Drummer *Henry Spinetti*, der im Studio und live unter anderem mit *Dylan, Paul McCartney, Roger Daltrey* oder *Pete Townshend* von *The Who* gearbeitet hat, und das zumeist gemeinsam mit dem Bassisten *Dave Markee* – eine eingespielte Rhythmusgruppe also als solide Basis. An der zweiten Gitarre kein Geringerer als *Albert Lee* – die Liste der Kollegen, mit denen er Bühne oder Studio geteilt hat, ist einfach zu lang, um hier verlesen zu werden. Komplettiert wurde diese Band durch *Chris Stainton* an den Tasten, der diese schon für *Joe Cockers* fulminante „With A Little Help From My Friends"-Version auf der Hammond B3 gedrückt hatte.

Aus dem wirklich hörenswerten Konzertmitschnitt von *Budokan* nun drei Titel am Stück: Rein geht's mit dem von *Don Williams* 1978 zum Hit gemachten Country-Song „Tulsa Time", danach das *J.J.Cale*-Cover

„Cocaine", das *Clapton* möglicherweise an seine jungen Jahre erinnert, die glücklicherweise überwunden sind, und zum Abschluss dieses Blocks eine Fast-Schnulze aus *Claptons* Feder, aber schön ist es doch, dieses „Wonderful Tonight".

Clapton: Tulsa Time / Cocaine / Wonderful Tonight

Das waren sie dann auch schon, die 24. LiveRillen, mit denen ich die ersten zwei Jahre der Sendung abschließe. Natürlich wird es weitergehen, und das schon in einem Monat: Dann wird hier der Reggae dominieren: *Bob Marleys* 75. Geburtstag bietet den Anlass, sich ein wenig in dieser spannenden Liveszene umzuhören. Außerdem gratuliere ich einem heute kaum noch bekannten, aber exzellenten und gerade für die Akustik-Szene äußerst einflussreichen Gitarristen ebenfalls zum 75. – das ist der New Yorker *Stefan Grossman* – lasst euch überraschen.

Zum Abschluss dieser Ausgabe noch einmal *Eric Clapton*. Im Jahr 2004 hat er das Gitarrenfestival *CROSSROADS* ins Leben gerufen, das im 3-Jahres-Abstand inzwischen vier Mal stattgefunden hat, jeweils auf DVD und CD veröffentlicht. Seit

kurzem gibt es nun auch einen Karton mit sage und schreibe sechs Langspielplatten unter dem Titel „Crossroads Revisited" direkt vom *Crossroads Center* herausgegeben – die Einnahmen aus dem Verkauf kommen ebenso wie die bisherigen Konzerteinnahmen der gleichnamigen Stiftung zugute, die *Clapton* 1997 für ein Drogentherapiezentrum auf Antigua in den Kleinen Antillen gegründet hat – die eigene Lebens- und Leidensgeschichte lässt auch hier grüßen...

Dieses umfangreiche Livematerial werde ich in einer späteren Sendung ausführlich vorstellen, denn es lohnt sich schon aufgrund der zahlreichen Stars, die sich nicht lange haben bitten lassen, neben *Clapton* auf der Benefizbühne zu stehen.

Als Rausschmeißer der heutigen Sendung hier *Eric Clapton* mit jenem Song, der dem Gitarrenfestival den Namen gegeben hat: „Crossroads" aus der Feder des unvergessenen *Robert Johnson*, und damit wünsche ich einen guten Abend...

Clapton: Crossroads

Quellen:

- ➤ The Band: The Last Waltz, 3-LP-Set, Warner, 1978
- ➤ Eric Clapton: Eric Clapton's Rainbow Concert, LP, RSO, 1973
- ➤ Eric Clapton: Just One Night, Do.-LP, RSO, 1980
- ➤ Eric Clapton: Live In The Seventies, LP, RSO, 1980
- ➤ Eric Clapton: American Tour '78, LP, Swingin' Pig Records, 1990
- ➤ Eric Clapton And Guests: Crossroads Revisited / Selections From The Crossroads Guitar Festivals, 6-LP-Set, RHINO/Reprise Records/Duck Records, 2019
- ➤ Cream: Live In Detroit '67, Do.-LP, London Calling, 2018
- ➤ Cream: Stepping Out, LP, Swingin' Pig Records, 1990
- ➤ Al Jarreau: Look To The Rainbow / Live / Recorded In Europe, Do.-LP, Warner, 1977
- ➤ Al Jarreau: In London, LP, WEA, 1985

No. 25:   Bob Marley & Reggae | Stefan Grossman

April 2020

Die heutige Ausgabe der LiveRillen gratuliert zunächst dem Geburtstagskind des Monats, um das es in letzter Zeit recht still geworden ist – der großen Masse war er wohl nie wirklich bekannt. Liebhaber gediegener Gitarrenmusik allerdings hielten und halten große Stücke auf ihn: *Stefan Grossman* – der US-amerikanische Sänger, Gitarrist und Songwriter, gebürtiger New Yorker, wird am 16. April 75 Jahre alt.

In den 1960er Jahren gehörte er zur Generation junger blues- und folkbegeisterter Musiker, deren bedeutendste jüngere Protagonisten sicher *Bob Dylan* und *Paul Simon* waren. Zu beiden hatte *Grossman* Kontakt – um 1970 herum gab es gar das Gerücht, *Grossman* werde nach der Trennung von *Simon & Garfunkel* den freien Platz an *Paul Simons* Seite einnehmen. Es kam auch zu einer kurzzeitigen Zusammenarbeit; mehr wurde daraus aber nicht. Auch bei den *Fugs*, jenem bissigen Beat-Kabarett rund um *Alan Ginsberg* und weitere junge Beat-Poeten, wirkte *Grossman* zeitweilig mit.

Den Blues hat sich *Stefan Grossman* vor allem über Platten aus den 1920er und 1930er Jahren erschlossen. Nachhaltig beeinflusst hat ihn zudem der blinde schwarze Street-Blueser *Gary Davis*, der in Harlem auch als Prediger aktiv war. Neben seinen Bühnenaktivitäten und eher seltenen eigenen Plattenveröffentlichungen war *Grossman* vor allem als Gitarrenlehrer wirksam – seine 1971 publizierte Gitarrenschule „How To Play The Blues Guitar", zu der auch eine Doppel-LP mit Musizierbeispielen erschienen war, wurde zum Bestseller des britisch-amerikanischen Bluesrevival jener Jahre. Zudem gründete *Grossman* mit *Kicking Mule* ein Plattenlabel, das der Elite der internationalen Fingerstyle-Gitarristen endlich ein Zuhause bot. In den Hüllen der von *Grossman* herausgegebenen Platten steckten gleich noch die Noten und Tabulaturhefte, die zum Nachspielen der Stücke einluden, sodass eine ganze Generation neuer Nachwuchsgitarristen davon profitierte und geprägt wurde.

Hier als Vorab-Gratulation zum 75. Geburtstag von *Stefan Grossman* von seiner 1972er Konzerttour, die ihn von Stockholm über London bis Los Angeles führte, sein Fingerstyle-Blues „All My Friends Are Gone"

Stefan Grossman: All My Friends Are Gone

Ob auch *Bob Marley* – gesetzt, er könnte es erleben – in wenigen Tagen seinen 75. Geburtstag feiern könnte, ist so sicher nicht. In seinem Pass war zwar der 6. April

1945 als Geburtsdatum eingetragen, doch andere Quellen verweisen auf den 6. Februar. Wie dem auch sei – ich habe das offizielle Datum zum Anlass genommen, in dieser Sendung etwas ausführlicher den Reggae-Style in Livedokumenten vorzustellen. Und da ist jener *Robert Nesta Marley*, genannt *Bob*, als Sohn eines britischen Offiziers und einer jamaikanischen Kolonialwarenhändlerin in St. Ann auf Jamaika geboren, sicher der weltweit bekannteste Protagonist, der gemeinsam mit seiner bereits 1964 gegründeten Band, den *Wailers*, das ursprüngliche Protestprodukt des jamaikanischen Prekariats zu einem global erfolgreichen Pop-Export gemacht hat, ohne ihm durch Kommerzialisierung den Lebensnerv zu durchtrennen. Seine Songs wie „Stir It Up", „No Woman, No Cry" oder "I Shot The Sheriff" gehören ja längst zum Weltmusikerbe – so wie der Reggae selbst ja seit November 2018 zum immateriellen Weltkulturerbe erhoben wurde. Das hätte *Marley* zweifellos gefreut – leider ist er am 11. Mai 1981 gerade mal 36jährig an einem stark metastasierenden Hirntumor verstorben. Fünf Jahre zuvor war er übrigens bei einem politisch motivierten Attentat angeschossen worden.

In der Begründung der UNESCO zum Welterbestatus heißt es, Reggae transportiere wichtige Botschaften zu *„Fragen der Ungerechtigkeit, des Widerstands, der Liebe und Menschlichkeit"*. Er sei *„sinnlich und spirituell"* zugleich.

Spüren wir also zunächst diesen positiven Schwingungen nach – am besten mit

einem Song, der genau so heißt: „Positive Vibrations", wobei nicht ganz klar ist, ob der nun von *Marley* selbst stammt oder von *Vincent Ford*, einem anderen jamaikanischen Songwriter, mit dem *Marley* eng zusammengearbeitet hat. Das lassen wir mal offen – hier sind *Bob Marley* und die *Wailers* auf ihrer Welttournee 1977/78 mit dem Eröffnungssong ihres Konzertes.

Bob Marley: Positive Vibrations

Der Begriff *Reggae* wurde übrigens erst 1968 durch einen seiner wesentlichen musikalischen Wegbereiter geprägt, zu dem wir später kommen: *Frederick Hibbert*, genannt *Toots*, der mit seinen *Maytals* seit 1962 von Kingston aus Ska, Rocksteady und karibischen Soul zu jener Melange verschmolz, die wir heute als Reggae bezeichnen und die zumeist sehr entspannt mit Betonung auf der zweiten und vierten Zählzeit daherkommt, was dem urdeutschen Bedürfnis, stets auf der Eins und der Drei mitzuklatschen, deutlich zuwiderläuft. Schon das macht mir den Reggae wesentlich sympathischer als Marschmusik…

Hier zunächst noch zwei der bekanntesten *Bob-Marley*-Songs aus jenem Live-Doppelalbum mit den *Wailers*, das 1978 in einem originellen Cover, in dem sich die Bilder verschieben lassen, unter dem Titel „Babylon By Bus" erschienen ist: „Is This Love" und „Stir It Up" – liebevoll und ein bisschen aufrührerisch, eben typisch Reggae.

Bob Marley: Is This Love / Stir It Up

Neben *Bob Marley* und dem schon erwähnten *Toots Hibbert* zählte auch *Peter Tosh* zu den frühen Wegbereitern jener Musik, die mit ihrem entspannten Offbeat-Rhythmus jeden unwillkürlich in eine sanfte Schwingung versetzt. Anfangs sogar Mitglied in *Marleys* Band, den *Wailern*, verließ *Peter Tosh* diese 1974, um seinen wesentlich radikaleren Kurs umsetzen zu können. Im Zentrum standen für ihn Rastafari-Kult, Rassengleichheit, die Ablehnung repressiver Gesellschaftssysteme und die erwünschte Heimkehr aller Schwarzen zur „Mama Africa" – so ein LP-Titel aus den 1980er Jahren. Hinzu kamen die Forderung nach Legalisierung von Marihuana, aber auch eine Herabstufung der Frau als angeblich unrein und das Ausleben einer extrem materiellen Orientierung – letztlich viel Attitüde, unter der die künstlerische Qualität zunehmend litt, bis *Peter Tosh* bei einem Raubüberfall auf sein Haus im September 1987 erschossen wurde.

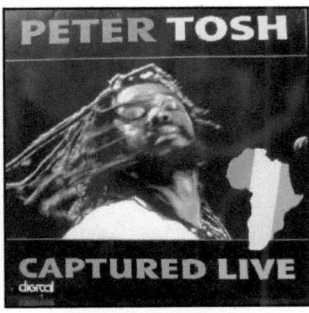

Vor allem sein „Get Up, Stand Up" ist aber als Klassiker des Reggae und Ausdruck des Widerstands geblieben. Deshalb jetzt der populäre Song in drei Versionen: Zunächst *Peter Tosh* selbst, live eingespielt 1984 im *Greek Theatre* von Los Angeles, danach eine *Bob-Marley-*Liveversion, die 1975 im Londoner *Lyceum* mitgeschnitten wurde, und schließlich die Fassung von *Toots Hibbert* aus seinem 1980er Livealbum – hier ist „Get Up, Stand Up" – for your Rights!

Peter Tosh | Bob Marley | Toots Hibbert: Get Up, Stand Up

Tja, so unterschiedlich kann sie klingen, die aktivierende Reggae-Botschaft „Get Up, Stand Up"! Zurück noch einmal zu *Peter Tosh*. Er ist durchaus nicht der einzige Reggae-Vertreter, der die Orientierung auf Afrika als Ursehnsucht der Jamaikaner formulierte. Wir hören dazu gleich sein Stück „Africa". Danach – stilistisch deutlich verschieden, aber in der inhaltlichen Tendenz ganz ähnlich – „Hello Africa" von *Eddy Grant*, der sich nach seiner erfolgreichen Zeit bei den

Equals seiner afrikanischen Wurzeln besann und Reggae mit karibischen und afrikanischen Einflüssen vermischte. Zur Abrundung dieses Liveblocks werde ich dann noch *Black Uhuru* auflegen, eine jamaikanische Reggae-Band, die 1981 im *Rockpalast* des WDR gastierte. Von diesem umjubelten Konzert der Titel „World Is Africa" – drei Mal also geht es um den schwarzen Kontinent und die mit ihm verbundene Sehnsucht nach Geborgenheit, Schutz und Heimat.

Peter Tosh: Africa
Eddy Grant: Hello Africa
Black Uhuru: World Is Africa

Afrika als Projektion, als Sehnsuchtsort, als Utopie im Reggae-Sound. Dass der Reggae häufig soziale Missstände benennt und politische Botschaften transportiert, ist hinlänglich bekannt und aufgrund seiner Entstehungsbedingungen und seiner Protagonisten nur zu verständlich, hatten die meisten von ihnen doch selbst prägende Rassismus-Erfahrungen machen müssen. Die blieben selbst im United Kingdom der 1960er Jahre nicht aus – *Eddy Grant*, 1948 in Guyana geboren und im Alter von 12 Jahren mit seiner Familie in England eingewandert, hat diese Erfahrungen schon in den Popsongs der Equals anklingen lassen, man denke an das später von *The Clash* gecoverte „Police On My Back". In der Folge hat *Grant* neben hitparadentauglichen Popsongs immer wieder zum sozialkritischen Reggae gefunden – hier hören wir seinen Titel „Curfew" über die Ausgangssperre, die gerade für Farbige in Mittelamerika und Jamaika zum üblichen Erfahrungsschatz zählte.

Eddy Grant: Curfew

Zu den politisch aktivsten Vertretern des Reggae zählt zweifellos *Linton Kwesi Johnson*, der *„Poet der schwarzen britischen Apokalypse"*, wie ihn der *New Musical Express* etikettierte. Der gebürtige Jamaikaner kam mit seinen Eltern als Elfjähriger ins England der frühen 1960er Jahre und lernte das Gemisch aus Rassismus, Polizeigewalt und Arbeitslosigkeit ganz unmittelbar kennen. Anders als die kiffenden Rastafaris mit ihren teils doch recht diffusen und romantischen Vorstellungen von einem besseren, ursprünglichen Leben thematisierte er in seinen Songs die alltägliche, ungeschönte Realität. Er war Aktivist der *Black Panther Movement*, studierte Soziologie, schrieb Gedichte und engagierte sich für eine linke Alternative, einen *menschlichen Kommunismus*, wie er es nennt.

Zu keiner Zeit hat *Linton Kwesi Johnson* einen Popstar-Status angestrebt – seine Konzerte mit der *Dub-Band* um den Bassisten *Dennis Bovell* sind eher rhythmisierte Lyrikvorträge auf einem Bass-Drums-Percussion-Fundament und dadurch dem Rap durchaus verwandt. Gerade aufgrund seiner komplexen Texte zählt er heute zu den wichtigsten Vertretern einer antirassistischen Literatur im englischsprachigen Raum; eine südafrikanische Universität hat ihm die Ehrendoktorwürde verliehen, zudem erhielt er zahlreiche Literaturpreise, darunter den *Golden PEN Award*.

Die *International Herold Tribune* würdigte sein Werk so: *„Er berichtet von völliger Verzweiflung, Entfremdung und Revolte, doch zeigt er dabei ein so tiefes Empfinden, dass seine Verse positiv, beinahe freudvoll klingen."*

1990 ist bei *Sound of Future* ein wunderbares Doppelalbum erschienen, das *Johnson* mit seiner *Dub-Band* live in der *Queen Elizabeth Hall* präsentiert. Daraus jetzt zwei Titel, die seine Kunst eindrucksvoll aufzeigen: „Reality Poem" und „Wat About Di Working Class?" – Reggae mit politischer und sozialkritischer Botschaft.

Linton Kwesi Johnson: Reality Poem / Wat About Di Working Class?

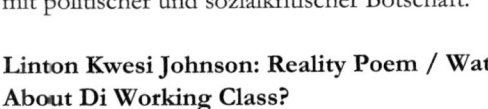

Noch einmal zurück zu *Black Uhuru* – der Name kommt aus der Swahili-Sprache, in der *Uhuru* „Freiheit" bedeutet – die *Schwarze Freiheit* also. *Bob Marley* war erst wenige Monate tot, als *Black Uhuru* als erste Reggae-Band überhaupt im WDR-*Rockpalast* den Beweis antraten, dass mit seinem bis dato berühmtesten Protagonisten nicht zugleich auch der Reggae als solcher und insgesamt am Ende sei.

Das schaffte die Band, die sich 1974 zunächst als Trio gegründet hatte, überzeugend: Drei pausenlos über die Bühne quirlende Frontsänger – *Puma Jones, Michael Rose* und *Duckie Simpson* – stellten rasch den Kontakt zum Publikum her, eine eingespielte Rhythmussektion mit *Sly Dunbar* am Schlagzeug und *Robbie Shakespeare* am Bass sorgte für den nötigen Groove. *Derryl Thompson*, einer der beiden Gitarristen, hatte zuvor bereits mit *Peter Tosh* zusammengearbeitet; hinzu kamen noch Keyboards und Percussion für die hitzige und zugleich entspannte Reggae-Mischung. Gut nachzuvollziehen im folgenden Stück „Puff The Puff". Ein Song, vordergründig scheinbar übers Rauchen, aber auch über Probleme mit Frauen – sicher nicht einfach zu entschlüsseln; im Netz kann man sich hunderte Kommentare zur Deutung anschauen, aber ich denke, Zeilen wie *„Geld habe ich kaum / Die einfachsten Dinge werden in dieser Zeit schwer / Die Dinge, die ihr tut, wenn ihr verärgert seid, wirst du eines Tages bereuen, oh ja"* – die verweisen dann doch wieder auf die bedrückenden Alltagserfahrungen der Farbigen dieser Welt. Hier sind *Black Uhuru* live 1981 in der *Gruga-Halle* Essen mit „Puff The Puff".

Black Uhuru: Puff The Puff

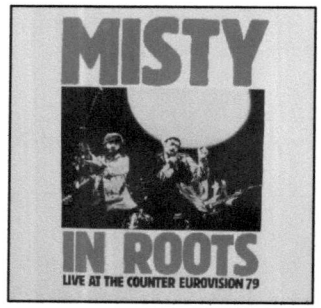

In der heutigen LiveRillen-Ausgabe rund um den Reggae nun zu *Misty In Roots*, einer britischen Reggae-Band, die 1978 zu den Mitorganisatoren der *Rock Against Racism-Festivals* gehörte. Ihre im Folgejahr erschienene Debüt-LP war dann gleich ein Livemitschnitt, aufgenommen im belgischen *Counter Eurovision*. Die eindeutigen politischen Botschaften der Band machten sie in der alternativen Szene weit über England hinaus populär; sie spielte zudem zahlreiche Solidaritäts- und Benefizkonzerte. 1983 gingen die Bandmitglieder für längere Zeit nach Afrika, um Kultur und Lebenswirklichkeit unmittelbar zu erfahren. Plattenproduktionen waren eher selten, aber live waren *Misty In Roots* noch zu Beginn der 2000er Jahre immer mal wieder auf alternativen Festivals präsent. Hier von ihrer Debüt-LP das eindeutige „Ghetto Of The City".

Misty In Roots: Ghetto Of The City

Offen bleibt noch die Antwort auf die Frage, ob Reggae nur von Farbigen authentisch gespielt und gelebt werden kann. Nun, zumindest bei den britischen *UB 40* sind auch weiße Musiker im Ensemble, das *Alistair* und *Robin Campbell* – beides Söhne des Folksängers *Alex Campbell* – 1977 gründeten. Der Bandname ist übrigens die Kurzbezeichnung des Antragsformulars für die britische Arbeits-losenunterstützung, was das Programm der Band andeutet – immer wieder soziale Missstände anzuprangern.

Dabei hatten sie auch ein paar echte Charterfolge, diese allerdings zumeist mit eher poppigen Coverversionen etwa von „I Got You Babe" oder „Red Red Wine". Die andere oder eigentliche Seite von *UB 40* tönt hier aus ihrem Livealbum von 1983 mit dem Song „Politician"

UB 40: Politician

Mit *UB 40* sind diese LiveRillen auf der Zielgeraden angelangt – zumindest was den Reggae betrifft, dem die Sendung aus Anlass des 75. Geburtstages von *Bob Marley* gewidmet war. Das Tüpfelchen aufs (im Wort *Reggae* allerdings nicht vorhandene) „i" setzt kein geringerer als *Eric Clapton*, dem die vorige LiveRille gewidmet war – vor wenigen Tagen ist auch *Mr. Slowhand* 75 Jahre alt geworden, und mit der *Bob-Marley-* Komposition „I Shot The Sheriff" trägt einer seiner größten Hits ja auch das Reggae-Gewand. Ausgewählt habe ich die Liveversion von Claptons *Crossroad-Gitarrenfestival* 2013.

Eric Clapton: I Shot The Sheriff

Der Ausklang dieser LiveRillen schließt den Kreis zum Anfang: Hier ist noch einmal das Geburtstagskind des Monats, der New Yorker Singer/Songwriter *Stefan Grossman*, live im Jahr 1972 mit „River Of Jordan", einem seiner relativ seltenen Gesangstitel, bei denen er seine herausragenden gitarristischen Fertigkeiten mit einem Text unterlegt, und damit Tschüss bis zum nächsten Mal…

Stefan Grossman: River Of Jordan

Quellen:

- Stefan Grossman: Live!, Do.-LP, Transatlantic Records, 1973
- Bob Marley: Live 1975, LP, Island Records, 2015
- Bob Marley & The Wailers: Babylon By Bus, Do.-LP, Island Records, 1978
- Toots And The Maytals: Live, LP, Island/Ariola, 1980
- Peter Tosh: Captured Live, LP, EMI/Teldec, 1984
- Eddy Grant: Live At Notting Hill, Do.-LP, ICE/RCA, 1981
- Linton Kwesi Johnson: In Concert With The Dub Band, Do.-LP, Syntonrecords, 1990
- Black Uhuru: Live At Rockpalast – Essen 1981, Do.-LP, MIG/WDR, 1981/2016
- Misty In Roots: Live At The Counter Eurovision 79, LP, People Unite, 1979
- UB40: Live, LP, Virgin Records, 1982
- Eric Clapton And Guests: Crossroads Revisited / Selections From The Crossroads Guitar Festivals, 6-LP-Set, RHINO/Reprise Records/Duck Records, 2019

No. 26: Bono, Peter & Pete können feiern
Mai 2020

Diesmal stehen drei Musiker im Mittelpunkt der LiveRillen, drei *alte weiße Männer*
noch dazu, die allerdings nie ein Trio waren und mit einiger Wahrscheinlichkeit
auch in Zukunft nicht vorhaben, dies zu werden. Was sie dennoch vereint, ist die
Tatsache, dass sie im Mai ziemlich runde Geburtstage begehen können.
Beginnen wir mit dem jüngsten der Drei – am 10. Mai wird er zarte 60 Jahre alt,
was ja heutzutage für einen echten Rocker wirklich noch kein Alter ist. Unter
seinem bürgerlichen Namen *Paul David Hewson* werden ihn die wenigsten kennen –
aber wenn ich *Bono* sage, dann weiß man natürlich Bescheid: Das erste
Geburtstagskind des Monats ist der Sänger, Gitarrist, Songschreiber und
Frontmann der irischen Rockband *U2*.
1960 in Dublin geboren, gründete er als 16Jähriger gemeinsam mit Schulfreunden
die Band, die für ihre Generation die Rockmusik wieder zu ihren unangepassten,
rebellischen Ursprüngen zurückführen wollte: Rockmusik als *„Soundtrack der
gesellschaftlichen Veränderung"*, wie es *Bono* höchstselbst ausdrückte.
Zur mitunter doch etwas vordergründigen Gutmenschen-Attitüde von *U2* trugen
wohl nicht zuletzt die Erfahrungen des nordirischen Dauerkonflikts und eine
starke christliche Prägung der Musiker bei, die der rauen Wirklichkeit der frühen
1980er Jahre mit atomarer Hochrüstung, IRA-Terror und Afghanistankrieg eine
pazifistische Utopie entgegenhielten, in der *Bono* zu „Sunday Bloody Sunday" auf
der Bühne eine weiße Fahne schwenken konnte.

Mit diesem Titel starte ich nun auch musikalisch
die 26. LiveRillen-Sendung– „Sunday Bloody
Sunday", aufgenommen im WDR-*Rockpalast* am
20. August 1983 und veröffentlicht auf einer
Live-LP mit dem sprechenden Titel „Under A
Blood Red Sky" – hier sind *U2* mit
Geburtstagskind *Bono* am Mikrofon (damals war
er gerade mal 23 Jahre jung).

U2: Sunday Bloody Sunday

Bono und *U2* gehören ganz sicher seit langem zu den wichtigsten Rock-
Protagonisten des ausgehenden 20. Jahrhunderts, wurde die Band nach
Erscheinen ihres 92er Albums „Achtung Baby" von der Musikkritik in ihrer
Bedeutung doch mit *Bruce Springsteen* und gar *Bob Dylan* verglichen; *Siegfried Schmidt-
Joos* hebt sie in seinem Rocklexikon auf eine Stufe mit *Elton John,* den *Rolling Stones*
oder *Phil Collins.*

Ungewöhnlich zweifellos, dass eine quasi Schülerband über die Jahrzehnte des gigantischen Erfolgs in der Urbesetzung bestehen bleibt, zu der heute wie damals neben *Bono* der Gitarrist *David Evans*, besser bekannt als „*The Edge*", sowie Bassist *Adam Clayton* und *Larry Mullen jr.* am Schlagzeug gehören.

Zudem haben sie sich nie gescheut, politische Statements von sich zu geben, und auch dabei war und ist *Bono* zumeist der Wortführer – sei es im Zusammenhang mit dem Fall der Berliner Mauer oder mit den Kriegen im ehemaligen Jugoslawien: 1995 finanzierte *Bono* mit eigenem Geld die Produktion des Dokumentarfilms „Miss Sarajewo" über Jugendliche in der vom Balkankrieg schwer zerstörten Stadt.

"Pride – In the Name of Love" – so heißt *Bonos* Hymne für den schwarzen Bürgerrechtler *Martin Luther King*, der 1968 nach jahrelanger Hetze in den USA von einem Rassisten erschossen wurde. Eine Liveversion von „Pride" ist auf

„Rattle And Hum" enthalten, dem Soundtrack zum gleichnamigen Konzertfilm, entstanden während der US-Tournee 1987. Die Platte habe ich jetzt aufgelegt, und danach dann noch als Verbeugung von *U2* vor einem Idol wider Willen, *Mr. Bob Dylan*: „All Along The Watchtower" – eine durchaus beachtliche Coverversion, wie ich finde. Hier sind *U2* mit dem Geburtstagskind *Bono* im Jahr 1987 – live!

U2: Pride / All Along The Watchtower

Abseits der Bühne ist *Bono* nicht gerade die Verkörperung von *Sex & Drugs & Rock'n'Roll* – mit 22 Jahren hat er seine Freundin *Alison* geheiratet, und nach 38 Jahren sind sie noch immer zusammen Das Paar hat zwei Töchter, darunter die Schauspielerin *Eve Hewson*, und zwei Söhne und lebt in einem Vorort von Dublin. Da, wo sich ihm ein Podium bietet, da nutzt er es aber aus, um seine Botschaften von einer möglichen besseren, friedlicheren und gerechteren Welt zu verkünden. Er setzt sich ein für einen Schuldenerlass für die ärmsten Länder der Welt, er engagiert sich in der AIDS-Hilfe, tritt gemeinsam mit *Bill Gates* oder *Bob Geldof* für soziale Projekte ein und redet diversen Staatspräsidenten schon mal ins Gewissen. Das *Live-Aid*-Konzert 2005 hat er mitorganisiert, und selbst als Präsident der Weltbank war er im Gespräch – kaum zu glauben. Bei einem Benefiz-Konzert in Rostock sang er gemeinsam mit *Herbert Grönemeyer* dessen Hymne „Mensch" auf Deutsch, und für das Buch „Das Ende der Armut" des linken US-Ökonomen *Jeffrey Sachs* verfasste *Bono* ein kämpferisches Vorwort.

Wo viel Licht ist, ist bekanntlich auch viel Schatten – Kritiker werfen *Bono* vor, seine Einnahmen im Ausland günstig zu versteuern, auch in den 2016 veröffentlichten *Paradise Papers* taucht er mit einem ziemlich verschlungenen Firmengeflecht und dubiosen Geschäften auf.

Hier aber soll kein moralisches Urteil über den irischen Superstar gefällt werden – dafür gibts Musik von *U2* und dem Geburtstagskind *Bono* von einem 2009 in Sheffield mitgeschnittenen Konzert, das bei *Swingin' Pig Records* unter dem Titel „Monster" als limitierte Doppel-LP erschienen ist – mein Exemplar der 500er Auflage trägt die Nummer 134.

Bei diesem Konzert spielten *U2* eines meiner Lieblingsstücke der Band, für das sie 2002 sogar den *Grammy* für die beste Rock-Performance erhielten: „Stuck In A Moment You Can't Get Out Of": *Sag nicht, dass es später besser sein wird, du bist jetzt in diesem Moment gefangen und du kannst davor nicht fliehen.*

Das Lied sei von einem fiktiven Gespräch mit seinem Freund *Michael Hutchence*, dem Sänger von *INXS*, über das Thema Suizid inspiriert worden, sagte *Bono* selbst darüber. Der Song kletterte weltweit in die Top Ten und stand in Kanada, Irland und Italien sogar auf Platz Eins der Charts.

U2: Stuck In A Moment You Can't Get Out Of

Du kannst dem Moment nicht entfliehen – die doch recht weise Erkenntnis unseres ersten Mai-Geburtstagskindes. *Bono*, Sänger und Songschreiber von *U2*, wird 60 Jahre alt.

Die LiveRillen auf Radio Corax gratulieren in dieser 26. Sendung gleich drei ganz Großen der Popkultur zu ihren runden Jubiläen. So gilt es nun, einen 70Jährigen zu würdigen, der vor gut fünf Jahrzehnten mit der Gruppe *Genesis* antrat, der populären Musik eine eigenständige, höchst artifizielle und stilistisch komplexe Farbe hinzuzufügen, die man seither als *Progressive Rock* oder *Art Rock* kennt: *Peter Gabriel*.

Am 13. Mai 1950 wurde er in Chobham, einer Kleinstadt im Süden Englands unweit von London geboren. Als Schüler gründete er gemeinsam mit den Schulkameraden *Mike Rutherford, Tony Banks, Anthony Phillips* und *Chris Stewart* die Gruppe *Genesis*. Der Erfolg kam nicht sofort – dafür waren die überlangen Stücke der Band mit ihren Stimmungs- und Rhythmuswechseln und das theatralische Auftreten ihres Frontmanns *Peter Gabriel* in diversen Kostümen und Horrormasken wohl noch zu ungewöhnlich. Erst als *Philipps* und *Stewart* durch *Steve Hackett* an der Gitarre und Schlagzeuger *Phil Collins* ersetzt waren, ging es spürbar aufwärts – das 1972 erschienene Album „Foxtrott" brachte den Durchbruch, der schließlich mit dem Konzeptalbum „The Lamb Lies Down On Broadway" gefestigt werden konnte.

Da hatte *Peter Gabriel* aber schon von dem „Mummenschanz auf der Bühne" – wie er es selbst nannte – genug. 1975 kehrte er *Genesis* den Rücken, die sich fortan stärker am Mainstream orientierten, und startete eine Solo-Karriere, auf die wir gleich blicken. Zuvor soll aber die *Genesis*-Phase von *Peter Gabriel* gewürdigt werden. Im Februar 1973 wurden zwei Konzerte der Band in Leicester und Manchester mitgeschnitten und im selben Jahr in Ausschnitten auf einer Live-LP

veröffentlicht. Daraus jetzt einer der bekanntesten Genesis-Titel jener Zeit „The Knife" – das Messer. Ein rebellischer und zugleich Gewalt ablehnender Song, in dem *Gabriel* eigene Erfahrungen als Schüler verarbeitete, wie er sagte. Und mit geschlossenen Augen kann man das Theatralische des Auftritts ganz gut nachempfinden.

Genesis: The Knife

Seit Mitte der 1970er Jahre war *Peter Gabriel* solistisch unterwegs, stets jedoch unterstützt durch eine illustre Schar befreundeter Musiker, die ihm halfen, seinen inhaltlichen Anspruch mit der entsprechenden Qualität umzusetzen. Das Musikmagazin „Billboard" nannte ihn einen Rock-Visionär, der sich nicht vor politischen Botschaften scheute, ohne dabei zu plakativ zu werden, und dem es künstlerisch zumeist gelang, seine am Mainstream orientierten Melodien durch interessante Arrangements oder spannende Rhythmen aufzuwerten. Mal waren es Weltmusikeinflüsse, mal visuelle Experimente auf dem noch jungen Gebiet des Musikvideos – man denke nur an den legendären „Sledgehammer"-Clip – oder auch die deutsche Sprache, in der er eine ganze LP vorlegte, was *Peter Gabriel* zu einer der wichtigen und prägenden Persönlichkeiten der Popkultur des ausgehenden 20. Jahrhunderts machte.

1982 organisierte er das erste *World Of Music, Arts And Dance-Festival WOMAD* in London; er beteiligte sich an zahlreichen Benefizaktionen, setzte sich für *Amnesty International* ein und brachte Musiker aus Afrika und Südamerika mit Stars der westlichen Pop- und Rockszene zusammen.

Zu seinen eigenen musikalischen Weggefährten zählen so bedeutende Künstler wie der *King-Crimson*-Gitarrist *Robert Fripp*, die Keyboarder *Brian Eno* und *Larry Fast*, die Schlagzeuger *Manu Katché* und *Jerry Marotta* oder *Tony Levin* am Bass. Zudem gab es eine intensive Zusammenarbeit mit der Sängerin *Sinéad O'Connor*, mit der *Gabriel* in den 1990ern liiert war.

Seine Livekonzerte enthielten noch immer szenische Elemente, wenn auch nicht mehr in der Vordergründigkeit wie einst bei *Genesis*. Und dass *Peter Gabriel* bei all dem durchaus auch kommerziellen Erfolg hatte, ist keineswegs ein Vorwurf.

Ein Konzert, im April 1977 im „Roxy" in Los Angeles mitgeschnitten, wurde in der „Live&Alive"-Serie des Landshuter Labels IMTRAT veröffentlicht. Daraus zwei Titel, die *Gabriels* stilistische Bandbreite andeuten: zunächst das selbstironische „Excuse Me", das fast *Kurt Weill'sche* Broadway-Anklänge beinhaltet, und danach dann mit „Solsbury Hill" einer der bleibenden Ohrwürmer von *Peter Gabriel* aus jener Zeit. An der Gitarre bei diesen Aufnahmen übrigens der erwähnte *Robert Fripp*.

Peter Gabriel: Excuse Me / Solsbury Hill

Derzeit ist es etwas ruhiger um *Peter Gabriel* geworden; seine jüngste Studio-Produktion erschien unter dem Titel „New Blood" im Jahr 2011; seine bis dato letzte Livetour endete im Dezember 2014. Immer mal wieder gibt es Gerüchte um eine Reunion der erfolgreichen ersten *Genesis*-Besetzung, aber da ist derzeit nichts Konkretes abzusehen, zumal *Phil Collins* bekanntlich starke gesundheitliche Probleme hat.

Etliche der von *Peter Gabriel* angestoßenen Projekte sind inzwischen zum Selbstläufer geworden – so hat das erwähnte *World of Music, Arts and Dance-Festival WOMAD* bis heute rund 145 Veranstaltungen in 22 verschiedenen Ländern erlebt. Und seine Ende der 1980er Jahre gegründeten *Real World Studios*, die unbekannten Künstlern der Dritten Welt als Sprungbrett dienen sollen, haben inzwischen Weltstars wie den Senegalesen *Youssou N'Dour* hervorgebracht, der ja nicht nur als Künstler von sich reden macht, sondern auch als Minister für Kultur und Tourismus des westafrikanischen Landes.

Ich habe noch zwei Stücke von der 1983 erschienenen Doppel-LP „Peter Gabriel Plays Live" ausgesucht – hier ist zunächst „Shock The Monkey", das im Jahr zuvor als Single erschienen war. Nach seinen eigenen Worten ist „Monkey" dabei nicht wörtlich als Affe zu verstehen, sondern vielmehr eine Metapher für das Gefühl der Eifersucht, die im Menschen gewisse Urinstinkte freisetzen könne. Nun gut, mit Interpretationen ist das ja oft so eine Sache.

Peter Gabriel: Shock The Monkey

Der folgende Song des Jubilars ist dem 1977 ermordeten südafrikanischen Bürgerrechtler *Stephen Bantu Biko* gewidmet. *Biko* hatte sich schon während seines Studiums gegen die *Apartheid*-Politik engagiert, war mehrfach verhaftet und exmatrikuliert worden. 1977 wurde der 30Jährige erneut ins Gefängnis geworfen und bei Verhören so schwer verletzt, dass er an den Folgen verstarb. Südafrikas Justiz versuchte seinen Tod als Folge eines Hungerstreiks darzustellen; erst eine gerichtlich angeordnete Untersuchung brachte die Wahrheit ans Licht, was zu internationalen Protesten führte, allerdings keine Anklage der Schuldigen nach sich zog. Die UNO verhängte daraufhin ein Embargo gegen Südafrika, doch das Regime hielt sich noch mehr als ein Jahrzehnt an der Macht.

Peter Gabriel hat *Biko*, der durch seinen gewaltsamen Tod zum Symbol des schwarzen Widerstands gegen die Rassentrennung wurde, auf seinem dritten Studioalbum 1980 diesen Song gewidmet, der später auch von anderen Künstlern interpretiert wurde, darunter *Joan Baez*, die *Simple Minds, Ray Wilson, Paul Simon* und sogar *Wolfgang Niedeckens BAP*.

Hier ist die eindrucksvolle Live-Version von „Biko" von der 1982er Welttour – *Peter Gabriel* mit seiner exzellenten Band: *Jerry Marotta* am Schlagzeug, *Tony Levin* am Bass, *David Rhodes* als Gitarrist und *Larry Fast* an den Keyboards.

Peter Gabriel: Biko

Nun zum dritten Geburtstagskind des Monats Mai, und wir steigern uns von Mal zu Mal – zunächst was das Lebensalter angeht: Nach der 60 von *Bono* und der 70 von *Peter Gabriel* gilt es nun, einen in Kürze 75Jährigen zu würdigen, der zudem noch immer voller Energie und Kreativität steckt. Ob diese Abfolge zugleich auch eine Steigerung ihrer Bedeutung für die Entwicklung der Rockmusik beinhaltet, will ich nicht entscheiden; zum einen gehen da die Meinungen ganz sicher auseinander, zum anderen haben alle drei zweifellos ihre Verdienste und gehören dem erlauchten Kreise jener an, die in der Pophistorie unauslöschliche Spuren hinterlassen haben. Und da ist jetzt die Rede von *Pete Townshend*, dem musikalischen Kopf von *The Who* und Schöpfer der bis heute wohl bekanntesten Rockoper überhaupt: „Tommy" – und auch das liegt schon ein halbes Jahrhundert zurück.

Begonnen hat das lebensbestimmende Rock-Abenteuer für den 1945 in einem musikalischen Elternhaus in London Geborenen bereits im zarten Alter von 14 Jahren – da spielte er bereits mit seinem Kumpel *John Entwistle*, dem späteren Bassisten von *The Who*, gemeinsam in einer Schulband, die sich allerdings noch dem Dixieland verschrieben hatte: *Townshend* spielte Banjo und *Entwistle* diverse Blasinstrumente. Da war kaum zu ahnen, dass diese Jungs, komplettiert durch *Roger Daltrey* am Mikrofon und *Keith Moon* am Schlagzeug, wenige Jahre später mit ihrem aggressiven Rock und einer Bühnenshow, bei der regelmäßig die Instrumente und Verstärker draufgingen, ihrer Generation eine unangepasste Stimme verleihen werden – nicht von ungefähr heißt ihr erster Hit 1965 auch genauso: „My Generation".

Klar, dass der bei der Gratulation für *Pete Townshend* natürlich nicht fehlen darf –
ich kündige hier schon mal für den Abschluss der heutigen Sendung die legendäre
viertelstündige Liveversion an vom nicht minder berühmten Album „Live At
Leeds" – dazu später mehr.

Hier aber zunächst die ältesten mir vorliegenden Liveaufnahmen von *The Who* aus
dem April 1968 – da waren sie längst über England hinaus zu absoluten Weltstars
geworden mit einer ganzen Reihe von Single-Hits in der bewährten Jukebox-
Länge von knapp drei Minuten. Ihr Konzert im New Yorker *Fillmore East* des
deutschstämmigen Konzert-Impresarios *Bill Graham*, einem der angesagtesten
Musiktempel jener Jahre, wurde von Polydor 2018 in einer herausragend
restaurierten Fassung als Dreifach-Album – zum 50jährigen Jubiläum des
Konzertes – veröffentlicht. *Pete Townshend* und
Roger Daltrey waren wesentlich an Mix und
Mastering beteiligt.
Daraus jetzt zwei Stücke aus der Feder von *Pete
Townshend* – zunächst das mit einem seiner rüden
Gitarrenriffs ausgestattete „I Can't Explain",
danach das putzig-verspielte „Happy Jack".

The Who: I Can't Explain / Happy Jack

Ein reichliches Jahr später gehörten *The Who* dann beim *Woodstock*-Festival, dem
ich ja im letzten August eine ganze Sendung zum 50jährigen Jubiläum gewidmet
habe, zu den Zugpferden, zumal zu den bestverdienenden! Zum Vergleich: Für
ihren Auftritt erhielten *The Who* mit elfeinhalbtausend Dollar das Dreifache von
Ten Years After und sogar das Viereinhalbfache von *Santana!*

Der Auftritt des britischen Quartetts fand am Sonntagmorgen gegen 5 Uhr statt
nach einer immer wieder durch Regen unterbrochenen Konzertnacht, die dem
Publikum schon alles abverlangt hatte. Der ohnehin als aggressiv geltende *Pete
Townshend* machte seinem Ruf alle Ehre: Erst drängte er einen Kameramann
gewaltsam von der Bühne, dann attackierte er mit seiner Gitarre einen Aktivisten,
der übers Mikrofon gegen die Verhaftung des Dichters *John Sinclair*, der auch
Manager der Rockband *MC5* war, protestieren wollte. Die Gitarre schlug
Townshend am Ende des 50minütigen Auftritts zudem in Stücke und warf die Reste
ins Publikum. Kaum zu glauben, wenn man den seriösen Herrn mit dem
überdimensionalen Nasenzinken heute sieht – 75 Jahre wird er dieser Tage alt.

Hier nun aber jener Ausschnitt des *Who*-Konzerts, der es auf das Dreifach-Album

„Woodstock" geschafft hat: „We're Not Gonna Take It" aus dem kurz zuvor veröffentlichten Songzyklus „Tommy", mit dem *Pete Townshend* der Welt und sich selbst beweisen wollte, dass er mehr könne als 3-Minuten-Hits in Serie zu komponieren. Was ihm ja letztlich durchaus gelungen ist…

The Who: We're Not Gonna Take It

1973 veröffentlichten *The Who* ihre zweite Rockoper „Quadrophenia", die mit der Suche der Hauptfigur Jimmy nach ihrem wahren Ich eröffnet wird: „The Real Me". Als die Band im selben Jahr in den USA auf Tour war, standen natürlich auch die neuen Songs auf der Set-List. Eines dieser Konzerte im *Capitol-Center* in Largo, Florida, hat das IMTRAT-Label in seiner „Live & Alive"-Serie unter dem Titel „The Who – Live USA" veröffentlicht. Daraus jetzt dieser geradezu

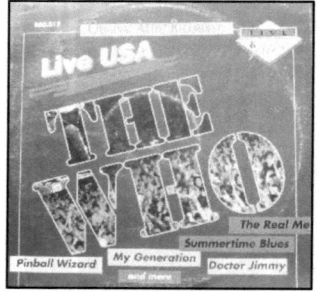

prototypische *Who*-Song „The Real Me" – der treibende Groove von *Keith Moon* mit einem exzellenten Bassfundament, das *John Entwistle* liefert, dazu ein hartes Gitarrenriff von *Pete Townshend* und sein wütender Text voller Fragen aus der jugendlichen Perspektive, den *Roger Daltrey* glaubwürdig interpretiert.

The Who: The Real Me

„The Real Me" – welches ist das wahre Ich? – eine Frage, die sich *Pete Townshend* immer mal wieder selbst gestellt haben mag, wohnten doch auch in ihm verschiedene Persönlichkeiten vom genialen Songschreiber und innovativen Gitarristen (legendär sein Windmühlenarm, mit dem er seine schneidenden Riffs aus seinem Instrument abfeuerte) über den aggressiven Zerstörer auf der Bühne bis hin zum exzessiven Trinker, dessen Alkoholkonsum ihn 1980 in die Entzugsklinik brachte, übrigens gemeinsam mit seiner Mutter, die ebenfalls an Alkoholsucht litt. 1983 dann fast das Aus nach einer Überdosis Heroin. Es sei ein Wunder, dass er diese Zeit überlebt habe, wird *Townshend* später sagen.
Hinzu kam eine schwierige Kindheit mit Trennung der Eltern, körperlichem Missbrauch und Flucht ins Dasein eines Straßen-Kids. Insofern sei seine Band für ihn anfangs auch so eine Gang gewesen, sagte *Pete Townshend* vor kurzem in einem umfangreichen SPIEGEL-Interview.

Dort heißt es unter anderem: *„Auf den Konzeptalben „Tommy" und „Quadrophenia" habe ich meine Jugenderlebnisse verarbeitet. Meine negativen Erfahrungen haben mich gelehrt, dass Schmerz eine Funktion haben kann, ich wurde dadurch kreativ. "*

Jung-Sein als Einöde – das *Teenage Wasteland* – beschreibt *Pete Townshend* in seinem Song „Baba O'Reily", und in „Won't Get Fooled Again" heißt es: *„Die Veränderung musste kommen / Wir wussten es die ganze Zeit / Wir lassen uns nicht noch einmal täuschen".* Hier ist der Song, der 1971 zunächst als Single und anschließend in einer achteinhalbminütigen Version als Schluss-Track der LP „Who's Next" veröffentlicht wurde – in der Livefassung vom Dreifach-Album „Join Together", das *The Who* bei ihrer US-Tour 1989 präsentiert. Da war Drummer *Keith Moon* schon mehr als zehn Jahre tot. Für ihn saß nun *Simon Philipps* am Schlagzeug – ein versierter Musiker, der neben *Toto* auch mit *Peter Gabriel* zusammengearbeitet hatte. Zur großen Besetzung, die *Pete Townshend* für diese triumphale Tournee zusammengetrommelt hatte, zählten weiterhin *Steve „Boltz" Bolton* an der Gitarre (ursprünglich bei *Atomic Rooster* aktiv), *John „Rabbit" Bundrick* an den Keyboards, die er auch schon für *Bob Marley, Roger Waters* oder *Free* bedient hatte, dazu ein weiterer Perkussionist, drei Background-Sänger sowie die *Kickhorns*, ein Bläser-Quintett um den Saxofonisten *Simon Clarke*. Das Livealbum lässt erahnen, was da für ein Orkan von der Bühne fegte…

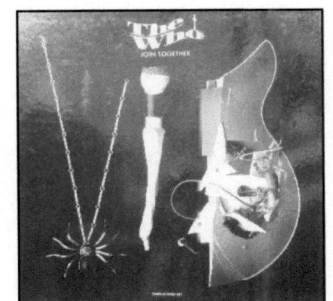

The Who: Won't Get Fooled Again

Wir lassen uns nicht noch mal täuschen – The Who mit *Pete Townshend* live im Jahr 1989. Neben *The Who* betrieb der Jubilar, der nun 75 wird, diverse Soloprojekte, darunter *Deep End*, eine kurzlebige Supergruppe, die er gemeinsam mit *David Gilmour*, dem Gitarristen von *Pink Floyd*, gegründet hatte. Auch zu dieser Band gehörten Schlagzeuger *Simon Phillips,* Keyboarder *John „Rabbit" Bundrick* und die *Kick Horns* – also fast schon die Besetzung der späteren 89er US-Tour von *The Who*
1985 gaben *Deep End* zwei Konzerte in der Londoner *Brixton Academy,* die später als „Deep End Live!" veröffentlicht wurden.
1986 waren sie dann im WDR-*Rockpalast* zu erleben. Natürlich gab es bei diesen Konzerten vor allem Titel von *The Who* zu hören, aber eben auch andere Songs aus der solistischen Werkstatt von *Pete Townshend*.

Von *Deep End*, diesem leider unterschätzten Projekt, hier das wunderbare „After The Fire", das *Townshend* soeben für ein Solo-Album von *Roger Daltrey* geschrieben hatte.

Deep End: After The Fire

Pete Townshend schreibt für *Roger Daltrey* diesen Song – erstaunlich, denn zwischen den beiden Egomanen flogen häufig genug die Fetzen. Heute ist das vorüber, aber nicht vergessen – altersmilde sagt *Townshend* im erwähnten SPIEGEL-Interview über ihr Verhältnis: „*Unsere Gemeinsamkeiten sind das Alter und die Dinge, die wir zusammen erlebt haben. Das verbindet uns mehr als unsere Ansichten.*" Etwas von dieser späten Reife spricht aber schon aus dem folgenden ganz intimen Lied, das für *Pete Townshend* in „Quadrophenia" bereits 1973 die Antwort auf die Suche nach seinem eigentlichen Ich geben konnte: „I'm One" – hier sind noch einmal *Deep End* live.

Deep End: I'm One

Pete Townshend, der auch mit 75 Jahren noch immer kreativ ist, wovon ihn auch der fast völlige Verlust seines Hörvermögens nicht abhält – ein Cochlea-Implantat macht's möglich.

Zum Schluss noch, wie versprochen, die *Who*-Hymne schlechthin vom Album „Live At Leeds", das 1970 veröffentlicht wurde und eine für die damalige Zeit erstaunliche Tonqualität besitzt: *Pete Townshend* und *The Who* mit „My Generation" – eingebettet sind diverse Zitate aus der im selben Jahr erschienen Rockoper „Tommy".

The Who: My Generation

<u>Quellen:</u>

- U2: Under A Blood Red Sky, LP, Island Records, 1983
- U2: Monster – Sheffield/England August 2009, Do.-LP, Swingin' Pig Records, 2010 (limited Edition 134/500)
- U2: Rattle And Hum, Do.-LP (teilweise live), Island Records, 1988
- Peter Gabriel: Live USA, Live At "The Roxy" In Los Angeles, LP, Live & Alive, 1977
- Peter Gabriel: Plays Live, Do.-LP, Charisma Records, 1983
- Genesis: Live, LP, Charisma, 1973
- The Who: Live At Leeds, LP, Polydor, 1970
- The Who: Live USA, LP, Live & Alive/Imtrat, o. J.
- The Who: Live At The Fillmore East 1968, 3-LP-Set, Polydor, 2018
- The Who: Join Together, 3-LP-Box, Virgin, 1990
- Pete Townshend's Deep End Live!, LP, ATCO/USA, 1986
- https://www.spiegel.de/geschichte/interview-mit-the-who-gitarrist-pete-townshend-a-7b9c1619-1d55-4e67-a704-eeb256b26744

No. 27:   Aller guten Dinge sind DREI

Juni 2020

Das Motto der heutigen LiveRillen lautet schlicht und volksmundgemäß: Aller guten Dinge sind Drei! Es geht also um diverse Trio-Besetzungen, die die Rockgeschichte seit mehr als einem halben Jahrhundert ganz wesentlich mitgeschrieben haben. Der Anlass, sich diesen flotten Dreiern zu widmen, ist ein runder Todestag: Am 14. Juni 1995, vor 25 Jahren also, starb der irische Gitarrist, Sänger und Songschreiber *Rory Gallagher* in einem Londoner Krankenhaus an einer Entzündung der Atemwege – und das lange vor Corona. Allerdings muss man auch bei ihm aufgrund seiner alkoholgeschädigten Leber durchaus von einer Risikogruppe sprechen – das soll es nun aber an untauglichen Corona-Vergleichen gewesen sein.

1949 geboren, war *Rory Gallagher* bereits als 15Jähriger ins professionelle Musikgeschäft eingestiegen, hatte als Gitarrist in der *Fontana ShowBand* diverse Stars seiner Zeit auf Tourneen begleitet und 1966 sein erstes eigenes Trio gegründet, das unter dem Namen *The Taste* unter anderem auch im Hamburger *Starclub* musizierte. Der Erfolg blieb allerdings aus, *Gallagher* ersetzte 1968 seine bisherigen Mitspieler durch seine Landsleute *Richard McCracken* am Bass und *John Wilson* am Schlagzeug, behielt den Bandnamen bei, und plötzlich klappte es: Vor allem aufgrund ihrer energetischen Liveperformance gehörten *Taste* Ende der 1960er Jahre zu den führenden Acts des weißen britischen Bluesrevivals.

Dabei zeigte sich *Gallagher* zwar durch *Chuck Berry* oder *Muddy Waters* beeinflusst;

sein eigenes Songwriting ging allerdings weit über das traditionelle 12taktige Blues-Schema hinaus in Richtung Bluesrock, wobei der Freiraum, der sich auf dem Bass/Schlagzeug-Fundament für seine Gitarrenimprovisationen eröffnete, immer mehr zunahm und seine Bandkollegen zu bloßen Statisten degradierte.

Hier sind *Taste* live im Jahr 1968 aus dem Londoner *Marquee* mit *Rory Gallaghers* Song „Blister On The Moon"

Taste: Blister On The Moon

Am Beispiel von *The Taste* lässt sich gut die *eine* Variante der Trio-Formationen erläutern: *Ein Solist* – in diesem Falle der charismatische Entertainer *Rory Gallagher* im karierten Holzfällerhemd und mit kumpelhaftem Charme vorn im Rampenlicht – und *zwei Begleiter*, die sich auf der Bühne mehr oder weniger im schattigen Hintergrund zu halten haben.

Ein Konzept, wie es zeitgleich der *Jimi Hendrix Experience* zu Grunde liegt, von der wir in dieser Sendung auch noch etwas hören werden.

Die *andere* Trio-Variante wäre die *Gleichwertigkeit* dreier virtuoser Musiker und damit das Konzept der so genannten Supergroups, das seinen Ursprung ebenfalls in dieser Zeit hatte – bestes Beispiel die Gruppe *Cream*, zu der wir auch noch kommen.

Beide Varianten sind übrigens (bis auf wenige Ausnahmen) zumeist nicht gerade durch Langlebigkeit gekennzeichnet – mal sind es die ewigen Begleiter leid, immer nur im Schatten des Stars zu stehen – mal knirscht es zwischen den drei Alpha-Tieren, die sich jeder gern selbst im Mittelpunkt sähen.

1970 kam dann auch schon das Aus für *Taste*, kurz nachdem sie Ende August beim *Isle-of-Wight-Festival* noch einmal Zehntausende begeistert hatten. 2015 ist ihr Konzertmitschnitt als Doppelalbum bei Eagle Records erschienen – daraus jetzt der achteinhalb-Minuten-Song „I'll Remember" von *Rory Gallagher*.

Taste: I'll Remember

Rory Gallagher hat ja auch später die Trio-Formation bevorzugt; Mitstreiter bis zu seinem frühen Tod vor 25 Jahren waren *Gerry McAvoy* am Bass und *Ted McKenna* am Schlagzeug, die noch bis vor wenigen Jahren als „Band of Friends" live zu erleben waren, ergänzt um den niederländischen Gitarristen und Sänger *Marcel Scherpenzeel*, der dem Verstorbenen mit Instrument und Stimme tatsächlich recht nahe kam.

Nun zur erwähnten *Jimi Hendrix Experience*, zu der neben dem Hexer auf den sechs Saiten der Bassist *Noel Redding* sowie *Mitch Mitchell* am Schlagzeug gehörten. Zusammengestellt hatte das Trio kein Geringerer als der Bassist der *Animals, Chas Chandler*, der das einzigartige Talent des Linkshänders Mitte 1966 in einem kleinen New Yorker Club entdeckt hatte. *Chandler* investierte selbst 5.000 englische Pfund in die Werbung für die unbekannte Gruppe, und ein Jahr später wurde *Hendrix* bereits weltweit von Fachpresse und Publikum als führender Rocksolist gepriesen. Grund dafür war neben Hits wie „Hey Joe", „Purple Haze", „Foxey Lady" oder „The Wind Cries Mary" vor allem der legendäre Auftritt der *Experience* beim *Monterey Pop Festival* am 18. Juni 1967. Angekündigt vom *Stones*-Gitarristen *Brian Jones* entfachten Hendrix und seine Musiker auf der Bühne nicht nur ein musikalisches Feuerwerk – am Schluss stand dann auch die zuvor arg malträtierte *Stratocaster* in Flammen, wie man im Konzertfilm eindrucksvoll sehen kann. Seither geht ja die Legende, die angekokelte Fender-Gitarre sei irgendwie erhalten geblieben – zumindest tauchen bei diversen Auktionen immer mal wieder dubiose

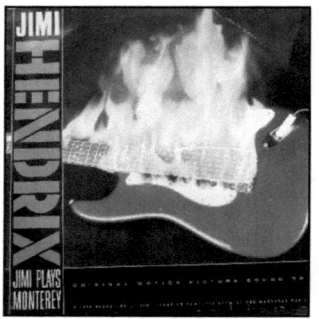

Angebote zu sechsstelligen Dollarpreisen auf... Der Soundtrack des Films ist 1986 unter dem Titel „Jimi Plays Monterey" bei Polydor als Platte erschienen – hier daraus zwei Titel am Stück, die die einzigartige Stimmung des Konzertabends bestens einfangen: „The Wind Cries Mary" und „Purple Haze" – die *Jimi Hendrix Experience* – live.

Jimi Hendrix: The Wind Cries Mary / Purple Haze

Noel Redding, Mitch Mitchell und *Jimi Hendrix* in der heutigen LiveRillen-Sendung rund um berühmte und auch weniger bekannte Trios der Rockgeschichte – aller guten Dinge sind Drei!

Allerdings war *Jimi Hendrix* mit seinem Trio nicht dauerhaft zufrieden, insbesondere mit dem Bassisten *Noel Redding* gab es immer wieder Reibereien über die musikalische Vorherrschaft, sodass *Redding* 1969 durch *Billy Cox* ersetzt wurde, den *Hendrix* von seiner Zeit in der Army kannte. Mit diesem fand dann auch der legendäre *Woodstock*-Auftritt statt, erweitert noch um den US-amerikanischen Gitarristen *Larry Lee*, mit dem *Hendrix* Jahre zuvor schon in Nashville in einer Band zusammengespielt hatte und der erst eine Woche zuvor von *Hendrix* ins kurzzeitig noch um zwei Perkussionisten verstärkte Live-Team geholt worden war, das *Hendrix* als *Gypsy Sun and Rainbows* vorstellte. Allerdings verließ *Larry Lee* die Formation wenige Wochen später schon wieder, da das Management von *Hendrix* die alte *Experience*-Besetzung wieder aufleben lassen wollte, und arbeitete danach jahrzehntelang mit dem Sänger und Prediger *Al Green* zusammen.

Für uns bedeutet das: *Woodstock* war kein Trio-Auftritt für Hendrix und passt damit nicht in die heutige Sendung.

Allerdings markiert *Woodstock* eher das endgültige Aus für die *Experience* – die neue Rhythmusgruppe neben oder besser hinter *Hendrix* setzte sich künftig aus dem

Drummer *Buddy Miles*, der bereits erfolgreich bei *The Electric Flag* getrommelt hatte, und eben dem Bassisten *Billy Cox* zusammen. Unter dem Namen *Band Of Gypsys* wurde eine Live-LP eingespielt, schlicht „HENDRIX" betitelt. *Michael Jeffrey*, der *Hendrix* managte, sorgte kurz nach deren Veröffentlichung dafür, dass *Buddy Miles* schon wieder gehen musste, dessen Platz wiederum *Mitch Mitchell* einnahm, und diese Trio-Besetzung (*Hendrix, Cox und Mitchell*) spielte dann im Sommer

1970 zum *Isle-of-Wight-Festival* ein umjubeltes Set, das erst nach *Hendrix'* Tod im Jahr 1971 bei Polydor als LP veröffentlicht wurde. Daraus jetzt der Opener „Midnight Lightning".

Jimi Hendrix: Midnight Lightning

Ein Star und seine zwei Begleiter – insofern sind *Rory Gallagher* bei *Taste* und *Jimi Hendrix* mit seiner *Experience* und der späteren *Band Of Gypsys* durchaus vergleichbar.

Und auch das folgende Trio funktionierte nach ähnlichem Prinzip, auch wenn der Gitarrist, Sänger und Songschreiber *Alex Chilton* nie die Popularität von *Hendrix* oder *Gallagher* erreichte. Immerhin hatte er bereits als Teeny Mitte der 1960er Jahre mit seiner Band *The Box Tops* kurzzeitig Weltruhm erlangt mit Songs wie „The Letter" oder „Cry Like A Baby".

Nach dem Aus der *Box Tops* gründete *Alex Chilton* gemeinsam mit *Andy Hummel* am Bass und dem Drummer *Jody Stephens* das Trio *Big Star*, das sich zwischen geradlinigem Powerrock, Anleihen bei Blues und Jazz und fast beatleshaften Harmonien bewegte. Das Publikum konnte der Mischung wenig abgewinnen; die Kritiker lobten das Konzept durchaus, das aber mangels Erfolgs schon 1975 eingestellt wurde.

Der häufiger werdende Griff zur Flasche besorgte ein Übriges – *Alex Chilton* musste sich einer Entziehungskur unterziehen, arbeitete als Landschaftsgärtner und Tellerwäscher, ehe er in den 1980ern zurück zur Musik fand. Nun war er vor allem als Produzent tätig, schrieb aber auch weiter Songs, die durch Coverversionen teils recht populär wurden. Vor zehn Jahren – im März 2010 – ist *Alex Chilton* mit nur 59 Jahren an einem Herzinfarkt verstorben.

Ein Konzert, das *Big Star* im Januar 1973 in *Lafayette's Music Room* in Memphis, Tennessee, spielten, ist 2018 auf einer Doppel-LP erschienen. Daraus jetzt zwei Titel: „She's A Mover" von *Alex Chilton* und „Way Out West" aus der Feder des Big-Star-Bassisten *Andy Hummel*.

Big Star: She's A Mover / Way Out West

Wie die Bands um die Gitarristen *Rory Gallagher* und *Jimi Hendrix* war auch *Big Star* um *Alex Chilton* nach der Formel „2 + 1" zusammengesetzt: Also: Ein Star und zwei Begleiter.

Die andere Trio-Variante – ich erwähnte es schon – wäre das Zusammenspiel dreier gleichwertiger Solisten, also das Konzept der zumeist künstlich zusammengesetzten Supergroups. Bestes Beispiel: *Cream*!

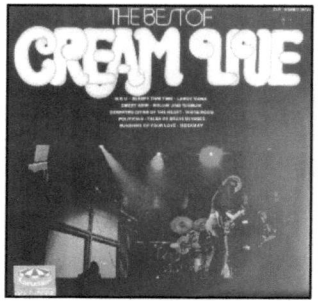

Dem 1966 gegründeten Trio aus *Jack Bruce, Ginger Baker* und *Eric Clapton* habe ich in früheren Sendungen ja schon viel Sendezeit gewidmet, deshalb belasse ich es in der heutigen LiveRille bei einem *Cream*-Song, der aber zweifellos zu den bekanntesten gehört: „White Room" – und hier kommen alle drei Musiker mit ihren Stärken auch tatsächlich und ausführlich zu ihrem Recht!

Cream: White Room

„White Room", einer der großen Hits von *Cream*, die als Trio das Konzept Supergroup verwirklichten – zumindest für gut zwei Jahre, dann gingen die drei charakterstarken Egomanen ihre jeweils eigenen und zumeist recht erfolgreichen Wege.

Verfolgen wir heute mal den von *Jack Bruce* ein Stück weit, denn *Bruce* war derjenige, der wohl Zeit seiner Lebens (das für ihn nach 71 Jahren im Herbst 2014 endete) der *Cream*-Stilistik am deutlichsten nacheiferte. Während *Ginger Baker* seine *Air Force* ja fast zur BigBand ausbaute oder sich afrikanischen Rhythmen widmete und *Eric Clapton* in unterschiedlichen Projekten zum Blues zurückfand, stellte *Jack Bruce* immer wieder Trios auf die Beine, die – nun ja – fast so klangen wie dereinst *Cream*.

Ein Beispiel dafür ist die LP „Live'n'Kickin'", 1974 eingespielt mit den beiden Ex-*Mountain*-Musikern *Leslie West* an der Gitarre und *Corky Laing* am Schlagzeug – letzterer ist übrigens immer noch mit der aktuellen *Mountain*-Besetzung auf Konzertbühnen anzutreffen. Ich habe ihre gemeinsame Komposition „The Doctor" ausgewählt, die auch innerhalb eines *Cream*-Sets nicht aufgefallen wäre.

Danach ein kurzlebiges *Jack-Bruce*-Projekt namens
INAZUMA mit dem japanischen Gitarristen
Kenji Suzuki und *Anton Fier* am Schlagzeug, der
unter anderem mit *Pere Ubu, John Zorn, Hüsker Dü*
und *Carla Bley* gearbeitet hat. Im Mai 1987 wurde
eines ihrer Konzerte in Japan mitgeschnitten und
im selben Jahr unter dem Titel „Super Session"
veröffentlicht. Daraus der oft und gern gecoverte
Robert-Johnson-Klassiker „Crossroads".

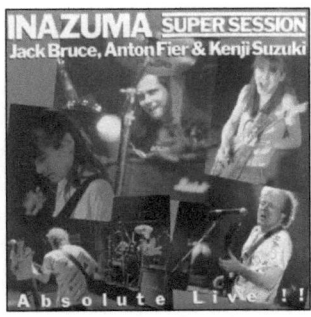

West, Bruce & Laing: The Doctor
INAZUMA: Crossroads

Zum nächsten Trio lässt sich sogar von *Jack Bruce* eine direkte Brücke schlagen,
denn in der langen Liste von Musikern, mit denen der *Cream*-Bassist
zusammengearbeitet hat, findet sich auch der Name des Gitarristen *Robin Trower*.
Das Gründungsmitglied der legendären *Procol Harum* hat im März dieses Jahres
seinen 75. Geburtstag gefeiert.
1971 war *Robin Trower* aus der stark keyboardlastigen Band um *Gary Brooker*
ausgestiegen, und um seinem Instrument wieder zu größerer Bedeutung zu
verhelfen, beschränkte er sich fürderhin zumeist auf zwei musikalische Mitstreiter,
womit wir wieder beim klassischen Gitarre/Bass/Schlagzeug-Trio wären. In den
1970er Jahren gehörte die *Robin Trower Band* vor allem live zu den weltweit
führenden weißen Bluesrock-Bands. Der Schotte *James Dewar* am Bass, der zuvor
bei *Stone The Crowes* (nicht zu verwechseln mit der deutschen Band fast gleichen
Namens!) aktiv war, und US-Drummer *Bill Lordan* komplettierten die Band, mit
der sich *Robin Trower* nach eigener Aussage stark am *Jimi-Hendrix*-Sound
orientierte. Vor eben 45 Jahren, im Frühjahr
1975, wurde ein Auftritt des Trios im *Konzerthuset*
Stockholm mitgeschnitten und anschließend von
Chrysalis veröffentlicht. Daraus jetzt
„Daydream", der Tagtraum, eine wunderbar
dynamisch interpretierte Komposition von *Robin*
Trower und seinem Bassisten *James Dewar*.

Robin Trower: Daydream

In den 1980ern kam es dann zur erwähnten Zusammenarbeit von *Robin Trower* mit
Jack Bruce, und zu Beginn der 90er gab es sogar noch eine *Procol-Harum*-Reunion.
Dass *Robin Trower* heute noch immer musikalisch mithalten kann, zeigt nicht

zuletzt seine vor einem Jahr erschienene CD „Coming Closer To The Day", und hin und wieder ist er auch noch live zu erleben.

Das ist uns beim folgenden Musiker leider nicht mehr vergönnt: Der Rockabilly- und Bluesgitarrist *Link Wray* ist 2005 verstorben. 1929 als Nachkomme von Shawnee-Indianern in einer Reservation in North Carolina geboren, spielte er schon 1942 in seiner ersten selbstgegründeten Band. Im Koreakrieg verlor er nach einer Tuberkulose-Infektion einen Lungenflügel und konnte längere Zeit nicht singen, sodass er sich ganz aufs Instrumentalspiel konzentrierte. Folgerichtig wurde das Instrumental „Rumble" Mitte der 50er Jahre sein erster großer Hit. Heute dürfte *Link Wray* nur noch Insidern bekannt sein, doch ist sein Einfluss auf die moderne Gitarrenstilistik des Rock enorm: er experimentierte lange vor *Jimi Hendrix* mit einem selbstgebastelten Wha-Wha-Pedal, inspirierte *Frank Zappa* ebenso wie *Neil Young* oder *Pete Townshend*, der über ihn schrieb: *„Er ist der König; ohne Link Wray und ,Rumble' hätte ich nie eine Gitarre gekauft.* Zudem habe er nie Kompromisse gemacht, lobt ihn *Siegfried Schmidt-Joos* in seinem Rocklexikon, und

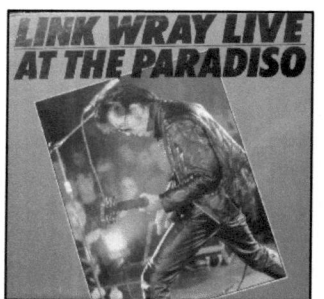

gerade das Raue, Ungeschliffene seiner Musik machte *Link Wray* so authentisch. Von der 1979 in Trio-Besetzung eingespielten LP „Live At The Paradiso" habe ich seinen „Subway Blues" ausgewählt, der auch seinen Mitstreitern *Jimmy Lowell* am Bass und *Anton Fig* am Schlagzeug Gelegenheit gibt, ihr Können zu zeigen.

Link Wray: Subway Blues

Mit kraftvollem Bluesrock geht es weiter, nun mit einem Abstecher nach Kanada zu *Frank Marino*. Im November 1954 wurde er als *Francesco Antonio Marino* in Montreal geboren – unverkennbar italienischer Abstammung. Doch statt zu Belcanto-Arien zog es ihn bereits früh zu den Flower-Power-Hippies der späten 1960er Jahre; als 13Jähriger wurde er mit einem lebensgefährlichen LSD-Trip ins Krankenhaus eingeliefert. Danach griff er statt zu Drogen zur Gitarre und wurde in den 1970er Jahren zu einem der bekanntesten Gitarristen in der nordamerikanischen Szene, hörbar inspiriert durch den Gitarrenstil von *Jimi Hendrix*, den er in Konzerten auch oft coverte. In Europa dagegen blieb er ein Geheimtipp und gilt heute vielen als einer der am sträflichsten unterbewerteten Gitarristen der Bluesrock-Szene, der auf einem Level mit *Alvin Lee, Stevie Ray Vaughn* oder *Albert King* anzusiedeln ist.

Dass das keineswegs eine leere Behauptung ist, soll sofort bewiesen werden – hier ist *Frank Marino* mit seinem Trio *Mahogany Rush*, zu dem der Bassist *Paul del Harwood* und der Drummer *Jim Ayoub*, genannt „Jimbo", gehören. Die Aufnahme stammt vom 1978 bei CBS veröffentlichten Live-Album, das Ende 1977 bei einer

Südstaaten-Tour des Kanadiers mitgeschnitten wurde. Hier nimmt er sich engagiert zweier Blues-Klassiker an: „I'm A King Bee", 1957 geschrieben von *James Moore*, den man besser unter seinem Künstlernamen *Slim Harpo* kennt, und übergeleitet zu „Back Door Man" von *Willie Dixon*. King Bee, die Bienenkönigin, war übrigens auch auf dem 1964er Platten-Debüt der *Rolling Stones* vertreten, und den „Back Door Man" haben unter anderem die *Doors* gecovert. Hier aber ist die großartige Gitarrenkunst von *Frank Marino*.

Frank Marino: King Bee / Back Door Man

Bereits ein Jahr später folgten bei CBS erneut Liveaufnahmen des kanadischen Gitarristen, Sängers und Songschreibers *Frank Marino* – daraus gleich sein Stück „Door Of Illusion" – die Tür der Illusionen. Ein durchaus bezeichnender Titel für den Musiker, dem die gebührende Anerkennung für sein herausragendes Gitarrenspiel letztlich versagt blieb. In den 1990ern hatte er die Gitarre schon an den Nagel gehängt; um 2000 herum gabs dann aber auf Betreiben treuer Fans doch noch ein Comeback-Album „Eye Of The Storm", auf dem nun auch arabische Einflüsse zu hören waren.

Mit „RealLIVE" kam 2004 sogar noch eine Doppel-CD auf den Markt, die im September 2001 während eines einzigen Konzerts in Montreal mitgeschnitten wurde, aber – als CD – nicht in die LiveRillen passt (so viel Konsequenz muss sein). Hier aber tatsächlich direkt vom Plattenteller und eingepresst in schwarzes Vinyl *Frank Marino* mit seinem Trio *Mahogany Rush* im Jahr 1978 mit „Door of Illusion".

Frank Marino: Door Of Illusion

Inzwischen ist *Frank Marino* 65 Jahre alt und noch immer aktiv. Auf seiner Website hat der Mann mit der langen grauen Mähne soeben eine coronabedingte Verschiebung der geplanten Tour auf September/Oktober verkündet – sein Statement endet mit den Worten *„Ich hoffe aufrichtig, dass es euch allen gut geht und ich hoffe wirklich, dass wir euch alle sehen, wenn wir weitermachen."*
Und ich sage es gern: *Frank Marino* steht auf meiner persönlichen Konzert-Wunschliste ganz weit oben – leider stehen aktuell nur Locations in den USA auf dem Tourplan.

Ein Gitarrist, der nicht mehr zu erleben ist, weil seine Karriere durch einen tragischen Unglücksfall vorzeitig endete, ist *Randy California*. Als *Randolph Craig Wolfe* 1951 in Los Angeles geboren, stieg er bereits als 16jähriger Gitarrist in die Band seines Stiefvaters *Ed Cassidy* ein. Der klassisch ausgebildete Schlagzeuger, der lange in einem Opernorchester gespielt hatte, wollte mit seiner Band der populären Musik einen neuen Spirit, einen neuen Geist einhauchen, der die Fusion so unterschiedlicher Stile wie Folk, Rock, Jazz, Country, Blues oder Klassik anstrebte. Und genau so nannte sich die Band dann auch: *Spirit*. Ursprünglich ein Quintett mit mehreren Personalwechseln, waren *Spirit* Mitte der 1970er Jahre dann zum Trio geschrumpft: Neben *Ed Cassidy* und *Randy California* komplettierte *Larry Knight*, genannt „*Fuzzy*", mit seinem melodiösen Bass-Spiel das musikalische Angebot. Und gerade diese Triophase wurde der erfolgreichste Abschnitt der Bandgeschichte. Die Stärken des jungen Songschreibers *Randy California* kamen in diesen abgespeckten Arrangements am besten zur Geltung, und die disziplinierte, virtuose und dabei ausgesprochen dynamische Musizierweise brachte *Spirit* in dieser Zeit den Ruf einer herausragenden Liveband ein. Eine Einladung in den *Rockpalast* des WDR war 1978 der verdiente Lohn für *Spirit*.

Charterfolge blieben allerdings Mangelware, und auch wenn *Spirit* als Projekt von *Ed Cassidy* bis in die 90er Jahre hinein existierte, zerschlug ein tragisches Unglück jegliche Hoffnung auf die Zukunft: Im Januar 1997 ist *Randy California* gerade mal 45jährig vor Hawaii ertrunken, nachdem er seinen 12jährigen Sohn aus den Wellen gerettet hatte.

Sein Stiefvater mit dem markanten Kahlschädel *Ed Cassidy* war danach noch hin und wieder als Schauspieler zu erleben; er ist 2012 mit fast 90 Jahren im kalifornischen San José verstorben. Hier sind *Spirit* aus ihrer Trio-Phase mit einem Song des Gitarristen und Sängers *Randy California*: „Looking Down From A Mountain" von der LP „Made in Germany", die bei *Roof Records* erschienen ist.

Spirit: Looking Down From A Mountain

Mit der letzten Band dieser LiveRillen-Ausgabe kehren wir noch einmal nach Kanada zurück, und natürlich ist auch das ein Trio, und zwar eines der härteren Gangart: Die Hardrockband *Rush*.

1968 gegründet, spielte sie bis zur Auflösung vor zwei Jahren als beständiges Trio, bestehend aus dem Sänger und Bassisten *Geddy Lee*, dem Gitarristen *Alex Lifeson* und dem Drummer *Neil Peart*, der 1974 den ursprünglichen Schlagzeuger *John Rutsy* ersetzt hatte.

Das langjährige Zusammenspiel der Band auf zahllosen Tourneen rund um den Globus sorgte für jene Mischung aus handwerklicher Souveränität und spürbarer Spielfreude, die *Rush* aus der Masse des Hardrock deutlich heraushob.
Hier gleich ein Beispiel von ihrem 1976er Doppelalbum, das die ganze Welt zur Bühne erklärt: „All The World's A Stage". Daraus „Something For Nothing" – komponiert von *Geddy Lee* auf Lyrics des Schlagzeugers *Neil Peart*, der im Übrigen die meisten der mitunter fast philosophisch anmutenden *Rush*-Songs getextet hat.
Insgesamt war ihre Musik aber wohl doch nicht „Something for nothing", denn 2013 wurden *Rush* immerhin in die *Rock and Roll Hall of Fame* aufgenommen!
Übrigens betonten *Rush* stets, dass ihre Liveaufnahmen ohne zusätzliche Gastmusiker, ohne mitlaufende Samplings und ohne jegliche Overdubs – also nachträgliche Einspielungen oder Korrekturen – auskamen. *„It is not perfect, but it is faithful to us and to you"* heißt es im Platten-Cover – also: Es ist nicht perfekt, aber es ist uns und euch absolut treu! Hier sind *Rush* live im Jahr 1976. So kraftvoll kann ein Trio klingen…

Rush: Something For Nothing

Damit geht auch diese LiveRillen-Ausgabe schon wieder ihrem Ende entgegen, und ich habe bei weitem nicht alle Trios vorstellen können, die in meinen Plattenregalen auf ihre Chance warten. *Emerson, Lake & Palmer, Crosby, Stills & Nash*, die holländische Band *Vitesse* oder der Gitarrist *John Martyn* mit seinem experimentellen Trio – sie alle müssen auf künftige Chancen warten, die es aber mit Sicherheit geben wird.

Apropos: Die nächste LiveRille kommt im Juli unter dem Motto „Jazz rockt's" – Jazzrock und Fusion live in ihren diversen Spielarten von *Blood, Sweat & Tears* und *Chicago* über *Man, Lighthouse, Pat Metheny* und *John McLaughlin* bis zu *Billy Cobham, Klaus Doldinger* und *Moby Grape* – freut euch drauf!

Den Schlusspunkt dieser Sendung setzen die kanadischen Rocker von *Rush*, deren Auflösung vor zwei Jahren auf eine sich verschlimmernde Krebserkrankung des Drummers *Neil Peart* zurückzuführen ist, den das Fachblatt *Rolling Stone* in der Liste der hundert besten Rockdrummer immerhin auf Platz 4 führt! Am 7. Januar dieses Jahres ist *Neil Peart* an einem Hirntumor verstorben. *Justin Trudeau*, der kanadische Premierminister, würdigte den 67Jährigen in einem Nachruf als „Legende".

Hier hören wir ihn noch einmal an seiner wirklich riesigen Schlagzeug-Batterie mit den ineinander verschränkten *Rush*-Songs „Working Man" und „Finding My Way" – *Rush* live im Jahr 1976, aufgenommen bei Konzerten in Toronto. Und dafür werden die Boxen noch mal richtig aufgedreht…

Rush: Working Man / Finding My Way

Quellen:

- Big Star: Live At LaFayette's Music Room 1973, Do.-LP, Omnivore Records, 2018
- Cream: The Best Of Cream Live, Do.-LP, Karussell, 1972
- Jimi Hendrix: Jimi Plays Monterey 1967, LP, Polydor, 1986
- Jimi Hendrix: Isle Of Wight, LP, Polydor, 1971
- Frank Marino & Mahogany Rush: Live, LP, CBS, 1978
- Frank Marino & Mahogany Rush: Tales Of The Unexpected, LP (2. Seite live), CBS, 1979
- Rush: All The World's A Stage, Do.-LP, Mervury/Phonogram,1976
- Spirit: Made In Germany, LP, Potato Records, 1978
- Taste feat. Rory Gallagher: In Concert 1968, LP, Ariola, 1978
- Taste: What's Going On / Live At The Isle Of Wight 1970, Do.-LP, Universal, 2015
- Robin Trower: LIVE!, LP, Chrysalis, 1975
- West, Bruce & Laing: Live'n'Kickin', LP, RSO, 1974
- Link Wray: Live At The Paradiso, LP, Line Records, 1980

Index der Bands, Musiker und Stichworte
(nur Hauptnennungen)

Bitte stets auch die Folgeseiten beachten – dortige Nennungen sind nicht gesondert aufgeführt!

Meine TOP 100 Favoriten – Absolutely Live!

(alphabetisch geordnet – Reihenfolge ist keine Rangfolge!)

Allman Brothers Band: At Fillmore East, Do.-LP, Capricorn, 1971

Bad Company: Live At Wembley, Do.-LP, Eagle/Back On Black, 2014

Joan Baez: From Every Stage, Do.-LP, A&M, 1976

The Band: Rock Of Ages, Do.-LP, Capitol, 1972

Jeff Beck / Tim Bogert / Carmine Appice: Live, Epic, 1973

Black Sabbath: Live Evil, Do.-LP, Vertigo, 1983

Blood, Sweat & Tears: In Concert, Do.-LP, CBS, 1976

Blue Öyster Cult: On Your Feet Or On Your Knees, Do.-LP, CBS, 1975

Buddy Guy & Junior Wells: Drinkin' TNT 'n' Smokin' Dynamite, LP, Red
    Lightnin', 1989

The Butterfield Blues Band: Live, Do.-LP, Elektra Records, 1970

Harry Chapin: Greatest Stories Live, Do.-LP, Elektra, 1976

Roger Chapman and The Shortlist: Live In Hamburg, LP, Teldec, 1979

Chicago: Live at the Isle of Wight Festival 1970, Do.-LP, Rhino, 2018

Eric Clapton: Just One Night, Do.-LP, RSO, 1980

Gary Clark jr.: Live, Do.-LP, Warnerbrosrecords, 2014

Climax Blues Band: FM/LIVE, Do.-LP, Sire Records, USA, 1973

Joe Cocker: Mad Dogs & Englishmen, Do.-LP, A&M Records, 1970

Albert Collins: Frozen Alive!, LP, Alligator, 1981

Colosseum: Live, Do.-LP, Ariola, 1971

The James Cotton Band: Live & On The Move, Do.-LP, Buddah Records, 1976

Cream: The Best Of Cream Live, Do.-LP, Karussell, 1972

Creedence Clearwater Revival: The Concert Oakland 1970, LP, Fantasy, 1980

Crosby, Stills, Nash & Young: 4 Way Street, Do.-LP, Atlantic, 1970

Deep Purple: Made In Japan, Do.-LP, Electrola, 1972

Delaney & Bonnie & Friends: On Tour With Eric Clapton, LP, Atlantic, 1970/74

Dire Straits: Alchemy, Do.-LP, Vertigo, 1984

The Doors: Absolutely Live, Do.-LP, WEA, 1972

Bob Dylan: At Budokan, Do.-LP, CBS, 1978

Eagles: Live, Do.-LP, Elektra/Asylum, 1980

Andy J. Forest Band: Shuffle City Live At The Montreux Festival '89, LP,
    BELLAPHON, 1989

Peter Frampton: Frampton Comes Alive, Do.-LP, A&M, 1976

Free: Live, LP, Island Records, 1971

Peter Gabriel: Plays Live, Do.-LP, Charisma Records, 1983

Rory Gallagher: Irish Tour '74, Do.-LP, Polydor, 1974

Gentle Giant: Playing The Fool, Do.-LP, Chrysalis, 1976

Gov't Mule: Stoned Side Of The Mule, Do.-LP, Provogue, 2015

Grand Funk Railroad: Caught In The Act, Do.-LP, Capitol, 1975

Grateful Dead: Steal Your Face, Do.-LP, United Artists, 1976

Jimi Hendrix: Jimi Plays Monterey 1967, LP, Polydor, 1986

John Hiatt: Paper Thin/The 1989 Canadian Broadcast, Do.-LP, LTEV, 2013

Hooker n' Heat (John Lee Hooker & Canned Heat): Live At The Fox Venice Theatre 1971, LP, Rhino Records, 1981

Howlin' Wolf: Live And Cookin' At Alice's Revisited, LP, Bellaphon

Humble Pie: Performance / Rockin' The Fillmore, Do.-LP, A&M, 1971

It's A Beautiful Day: At Carnegie Hall, LP, Columbia, 1972

Jefferson Airplane: Thirty Seconds Over Winterland, LP, Grunt Records, 1973

Jethro Tull: Live, Do.-LP, Chrysalis, 1978

Janis Joplin: Janis In Concert, Do.-LP, CBS, 1972

Journey: Captured, Do.-LP, CBS, 1981

Albert King: Live, Do.-LP, TOMATO, 1989

B. B. King: Live At The Regal, LP, Ace Records, 1965

Sonny Landreth: Recorded Live In Lafayatte, Do.-LP, Mascot, 2017

Led Zeppelin: The Song Remains The Same, Do.-LP, Swan Song, 1976

Alvin Lee & Co.: In Flight, Do.-LP, Chrysalis, 1974

Little Feat: Waiting For Columbus, Do.-LP, WEA, 1978

Little River Band: Backstage Pass, Do.-LP, EMI, 1979

Lynyrd Skynyrd: One More From The Road, Do.-LP, MCA, 1976

Man: All's Well That Ends Well, LP, MCA, 1977

Frank Marino & Mahogany Rush: Live, LP, CBS, 1978

Bob Marley & The Wailers: Babylon By Bus, Do.-LP, Island Records, 1978

Dave Mason: Certified Live, Do.-LP, CBS, 1976

John Mayall: Jazz Blues Fusion Performed And Recorded Live In Boston And New York, LP, Polydor, 1972

John Mellencamp: Performs Trouble No More | Live at Town Hall 2003, LP, Mercury, 2014

Gary Moore: Live At Bush Hall 2007, Do.-LP, Ear Music, 2014

Van Morrison: It's Too Late To Stop Now, Do.-LP, Warner, 1973

Mountain: Twin Peaks, Do.-LP, CBS, 1974

Tom Petty & The Heartbreakers: Pack Up The Plantation Live!, Do.-LP, MCA, 1985

Quicksilver Messenger Service: Live At My Father's Place, 1976, LP,
VINYLOGY/DOL, 2017

Lou Reed: Live In Italy, Do.-LP, RCA, 1984

Paul Rodgers: Live At Hammersmith Apollo 2009, Do.-LP, BoB, 2015

The Rolling Stones: Get Yer Ya-Ya's Out, LP, Decca, 1970

Runrig: Once In A Lifetime – Live, LP, Chrysalis, 1988

Rush: A Show Of Hands, Do.-LP, Polydor, 1989

Leon Russel: Leon Live, 3-LP-Set, Shelter Records, 1973

Santana: Moonflower, Do.-LP, CBS, 1977

Bob Seger & The Silver Bullet Band: Nine Tonight, Do.-LP, EMI, 1980

Southside Johnny & The Asbury Jukes: Live! At The Paradise Theater Boston,
Massachusetts, December 23, 1978, Do.-LP, Live Karma, 2000

Spirit: Made In Germany, LP, Potato Records, 1978

Bruce Springsteen & The E Street Band: Live 1975-85, 5-LP-Set, CBS, 1986

Steppenwolf: Live, Do.-LP, BMG, 1970

Sting: Bring On The Night, Do.-LP, A&M, 1986

Strawbs: Just A Collection Of Antiques And Curios / Live At The Queen
Elizabeth Hall, A&M Records, 1970

Supertramp: Paris, Do.-LP, A&M, 1980

Taj Mahal: The Real Thing | Recorded live at Bill Graham's Fillmore East, Do.-
LP, Columbia, 1971

Ten Years After: Recorded Live, Do.-LP, Chrysalis, 1973

Pete Townshend's Deep End Live!, LP, ATCO/USA, 1986

Walter Trout: Alive In Amsterdam, 3-LP-Set, Provogue, 2016

Robin Trower: LIVE!, LP, Chrysalis, 1975

UFO: Strangers In The Night, Do.-LP, Chrysalis, 1978

Uriah Heep: Live January 1973, Do.-LP, Bronze/Ariola, 1973

Stevie Ray Vaughan & Double Trouble: Live Alive, Do.-LP, CBS, 1986

Tom Waits: Big Time, LP, Island, 1988

Muddy Waters: Fathers And Sons, Do.-LP (2. LP live), Chess/Frog, 1981

Stan Webb's Chicken Shack: Simply Live, LP, Webb Music/SPV, 1989

West, Bruce & Laing: Live'n'Kickin', LP, RSO, 1974

The Who: Live At Leeds, LP, Polydor, 1970

Johnny Winter And: Live, Do.-LP, CBS, 1976

Wishbone Ash: Live Dates, Do.-LP, MCA, 1973

Neil Young & Crazy Horse: Live Rust, Do.-LP, Warner, 1979

Townes Van Zandt: Live At The Down Home in Johnson City (1985), LP, DOL,
2016

Zappa/Beefheart & Mothers: Bongo Fury, LP, DiscReet Records, 1975

Noch einige Festivals und besondere Konzertmitschnitte:

- The Band: The Last Waltz, 3-LP-Set, Warner, 1978
- Eric Clapton And Guests: Crossroads Revisited / Selections From The Crossroads Guitar Festivals, 6-LP-Set, RHINO/Reprise Records/Duck Records, 2019
- The Concert For Bangla Desh, 3-LP-Set, Apple, 1972
- The First Great Rock Festivals Of The Seventies: Isle Of Wight / Atlanta Pop Festival, 3-LP-Set, Columbia/CBS, 1972
- Night Of The Guitar – Live! (u. a. Randy California, Leslie West, Ted Turner, Steve Howe, Alvin Lee), Do.-LP, IRS Records, 1989
- Woodstock, 3-LP-Set, Atlantic, 1970
- Woodstock Two, Do.-LP, Atlantic, 1971

Inhalt:

Nachsatz

Für meine Recherchen habe ich unter anderem die folgenden Quellen genutzt:

- Barry Graves/Siegfried Schmidt-Joos/Bernward Halbscheffel: Das neue Rocklexikon. 2 Bände, Hamburg, 1998
- Frank Laufenberg: Rock- und Pop-Lexikon. 2 Bände, Düsseldorf, 1995
- Frank Laufenberg: Pop Diary. Daten, Fakten, Geschichten, 2 Bände, München, 1995
- Manfred Langner: Beat-Lexikon. Vom Mersey-Beat bis zum Bubblegum – Die Sound-Invasion der Sixties, Berlin, 1999
- Thomas Jeier: Das neue Lexikon der Country Music. München, 1992
- Jürgen Wölfer: Lexikon des Jazz. München, 1993
- Ca. 200 weitere Musikbücher, Broschüren und Zeitschriften (z. B. „GoodTimes") sowie aktuell (II/2021) 965 Live-Alben in meinem Regal
- Wikipedia (deutsch/englisch)
- Diverse Band- und Fan-Websites im Internet

Nicht auszuschließen sind natürlich objektive Fehler oder Ungenauigkeiten in der Darstellung. Ich freue mich deshalb über jegliche Hinweise und Korrekturen unter der Mailadresse liverillen@gmx.de!

Die im Text geäußerten Bewertungen sind rein subjektiv. Das mag jeder anders sehen. Vielleicht bieten die LiveRillen euch und Ihnen aber Anregungen, sich mit den genannten Künstlern, Bands und Konzertereignissen erneut und vertiefend auseinanderzusetzen. Die meisten Platten sind in guten Second-Hand-Geschäften und/oder im Internet erhältlich; viele Konzertmitschnitte sind zudem auf diversen Audio- und Videoplattformen zu finden.

Nicht zuletzt möchte ich alle am Thema Interessierten einladen zu meiner monatlichen Rundfunksendung **LiveRillen** auf **Radio Corax**, UKW 95,9 (Raum Halle/Leipzig) sowie weltweit im Netz unter https://radiocorax.de/ - jeweils **am erste Freitag des Monats von 16 bis 18 Uhr** sowie als Wiederholung **am dritten Sonntag von 12 bis 14 Uhr.**
Jeweils 12 Sendemanuskripte werden künftig in leicht bearbeiteter Form als Buch erscheinen und die vorliegenden Bände fortsetzen. All das ist kein Ersatz für den livehaftigen Konzertgenuss, wohl aber eine mögliche Ergänzung.

In diesem Sinne: *„Let's listen to the music – and let's talk about it!"*

Raum für Notizen